L'ALGORITMO DEL POTERE

COME L'INTELLIGENZA ARTIFICIALE POTREBBE SALVARE O DISTRUGGERE L'UMANITÀ.

LUCA LONGO

ALGORITMODELPOTERE.IT

INDICE

PREFAZIONE

Ogni epoca è chiamata a confrontarsi con sfide che ne definiscono il destino. Vi sono momenti in cui la storia accelera, in cui le scelte che compiamo oggi non riguardano solo il presente, ma risuonano nel futuro delle generazioni a venire. Siamo in uno di quei momenti. Le tecnologie emergenti – dall'intelligenza artificiale alla biotecnologia, dalla blockchain al quantum computing – non sono solo strumenti di progresso, ma forze che possono ridefinire il concetto stesso di libertà, giustizia e dignità umana.

Ho scritto questo libro perché non possiamo permetterci di essere spettatori passivi di una rivoluzione che sta ridefinendo la società a una velocità mai vista prima. Troppo spesso, nel corso della storia, l'umanità ha sottovalutato le conseguenze delle proprie invenzioni, lasciando che il progresso tecnico procedesse senza una visione chiara, senza un'etica che ne orientasse lo sviluppo. Oggi, più che mai, è nostro dovere intervenire, comprendere e governare l'algoritmo del potere prima che esso governi noi.

Mi sono a lungo sentito appagato dal mio percorso personale e professionale, convinto che il contributo individuale alla società potesse bastare a rendere il mondo un posto migliore. Tuttavia, osservando da vicino l'evoluzione di queste tecnologie e leggendo le riflessioni di scienziati, economisti e filosofi, ho compreso che non possiamo più cullarci nell'illusione che le cose si sistemeranno da sole. Il rischio di un futuro distopico non è mai stato così concreto: un mondo in cui pochi, con il controllo di questi strumenti potenti, possano determinare le vite di molti. Dobbiamo scegliere ora se vogliamo un domani che sia fondato sull'inclusione e sulla giustizia sociale, oppure se preferiamo consegnare il nostro destino all'inerzia del progresso incontrollato.

Per i miei figli, per le nuove generazioni, sento il dovere morale di offrire un contributo che possa servire da guida in questo mare in tempesta. Non basta lasciarci affascinare dalle promesse della tecnologia; dobbiamo interrogarci su quale direzione vogliamo prendere. Le scelte di oggi plasmeranno il domani. Non possiamo demandare a pochi il compito di decidere per tutti.

Come hanno fatto uomini di grande visione nel nostro passato, è giunto il momento di unire intelligenza e responsabilità, progresso e giustizia sociale. L'Italia, l'Europa, il mondo intero hanno bisogno di un progetto che riporti la tecnologia al servizio dell'uomo, e non viceversa. È nostro dovere tracciare la rotta, progettare un futuro in cui l'innovazione non sia un privilegio di pochi, ma una risorsa condivisa per il benessere collettivo.

Scrivere questo libro non è stato solo un esercizio di analisi, ma un atto di responsabilità. Un invito ad alzare lo sguardo oltre l'orizzonte dell'immediato, a immaginare un futuro in cui la tecnologia non ci renda più soli, ma più uniti; non ci impoverisca di valori, ma li rafforzi. Non ci sottragga diritti, ma ce ne garantisca di nuovi.

Le sfide che ci attendono richiedono visione e coraggio, proprio come accadeva nelle epoche in cui si sono poste le basi per le grandi trasformazioni sociali e industriali del passato. Il futuro non è scritto, ma possiamo scriverlo insieme, con la consapevolezza che ogni scelta, ogni azione, ogni parola contano. La tecnologia, da sola, non costruirà un mondo migliore. Dipende da noi, dalla nostra capacità di immaginare e realizzare un futuro che sia degno dell'essere umano.

INTRODUZIONE: IL DOMINIO DIGITALE

"Un Algoritmo per domarli, un Algoritmo per trovarli, un Algoritmo per ghermirli e nel buio incatenarli."

In una delle più celebri saghe letterarie del Novecento, il Signore degli Anelli, un anello magico ha il potere di dominare il mondo. È un oggetto che promette un potere illimitato, ma che corrompe chiunque lo possieda. Più viene usato, più il suo potere cresce, e più chi lo controlla ne diventa schiavo. Un potere che seduce con grandi promesse, ma che nasconde un prezzo terribile da pagare.

Oggi l'umanità sta forgiando qualcosa di simile: non un anello magico, ma un algoritmo - l'algoritmo del potere - che promette di controllare e trasformare ogni aspetto della nostra esistenza. Come quell'anello leggendario, questo nuovo potere seduce con la promessa di capacità quasi divine: la possibilità di prevedere il futuro, guarire malattie incurabili, creare e distruggere con un solo comando. E come quell'anello, più questo potere cresce, più rischia di sfuggire al controllo dei suoi stessi creatori.

La storia dell'umanità è sempre stata definita dalla relazione tra conoscenza e potere. Dalla scoperta del fuoco a quella della ruota, dalla polvere da sparo alla stampa, dall'elettricità a Internet, ogni epoca è stata trasformata da innovazioni che hanno ridisegnato gli equilibri esistenti. Ma oggi ci troviamo di fronte a qualcosa di diverso: un algoritmo che non solo concentra il potere, ma lo amplifica e lo ridistribuisce in modi che sfuggono alla nostra comprensione e al nostro controllo.

Questo nuovo algoritmo del potere si manifesta attraverso una convergenza senza precedenti di tecnologie: l'intelligenza artificiale che apprende e decide autonomamente grazie ai big data e la blockchain, la robotica che trasforma il lavoro fisico, le biotecnologie che riscrivono il codice della vita, il quantum computing che promette una potenza di calcolo inimmaginabile. Non sono tecnologie isolate, ma parti interconnesse di un sistema che si autoalimenta, dove ogni avanzamento in un campo accelera il progresso negli altri.

Il paradosso del nostro tempo è che più questo potere algoritmico cresce, più diventiamo vulnerabili. L'algoritmo promette di risolvere le più grandi sfide dell'umanità - dal cambiamento climatico, a quello energetico, alle malattie - ma porta con sé rischi esistenziali che non possiamo ignorare. La concentrazione di potere nelle mani di poche aziende tecnologiche e governi autoritari, la possibilità di manipolazione su scala globale, la creazione di armi autonome, la perdita di controllo su sistemi sempre più complessi: sono minacce che crescono insieme alle opportunità.

Le opportunità sono straordinarie:

• In economia, l'intelligenza artificiale e le tecnologie emergenti stanno ridefinendo la produttività e la personalizzazione su scala senza precedenti. Le aziende possono sfruttare i big data per analizzare i comportamenti dei consumatori e proporre prodotti su misura. La blockchain sta rivoluzionando i settori finanziari e commerciali, permettendo transazioni più sicure e trasparenti senza intermediari. Inoltre, il quantum computing offre la possibilità di risolvere

problemi complessi in ambiti come la logistica e la progettazione di nuovi materiali, aprendo strade a innovazioni inimmaginabili.

• Nella società, la digitalizzazione sta abbattendo le
barriere geografiche, collegando le persone e facilitando lo
scambio di conoscenze e risorse a livello globale. I sistemi
educativi, potenziati da piattaforme digitali e IA, stanno
diventando più accessibili e personalizzati, consentendo a
milioni di persone di acquisire competenze chiave per il
futuro. Anche le biotecnologie contribuiscono a questo scenario, con la creazione di materiali sostenibili e processi produttivi più efficienti, come bioplastiche e colture agricole
avanzate.

• In politica, le tecnologie stanno migliorando la trasparenza e la partecipazione democratica. La blockchain, ad
esempio, può essere utilizzata per creare sistemi elettorali
sicuri e affidabili, mentre l'analisi dei big data aiuta i governi
a comprendere meglio le esigenze dei cittadini e a formulare
politiche più efficaci. L'IA consente inoltre di ottimizzare la
gestione delle risorse pubbliche, riducendo sprechi e migliorando l'efficienza amministrativa.

• Nella salute, i progressi nell'intelligenza artificiale e
nelle biotecnologie stanno trasformando la medicina. L'IA è in
grado di accelerare la scoperta di farmaci, perfezionare le
diagnosi e offrire trattamenti personalizzati basati sul DNA e
sui biomarcatori. Le biotecnologie, come il CRISPR e altre
tecniche di editing genetico, stanno permettendo di affrontare
malattie croniche e genetiche con una precisione senza precedenti. Progetti innovativi puntano anche a prolungare l'aspettativa di vita e migliorare la qualità della vita durante
l'invecchiamento.

• Nella sostenibilità ambientale, l'unione di IA e biotecnologie sta guidando lo sviluppo di soluzioni per affrontare le
crisi climatiche. Algoritmi avanzati aiutano a ottimizzare
l'uso delle risorse naturali, mentre nuovi materiali e tecnolo-

gie, come le colture resistenti alla siccità e i biocarburanti, stanno riducendo l'impatto ambientale delle attività umane.

Tuttavia, i rischi sono altrettanto vasti:

• Concentrazione del potere: L'IA e i big data stanno consolidando il controllo nelle mani di poche grandi aziende tecnologiche e governi autoritari. Questo rafforza le disuguaglianze globali e crea una distribuzione del potere sempre più squilibrata. In scenari estremi, il monopolio su dati e tecnologie potrebbe portare a una sorveglianza di massa senza precedenti, limitando la libertà individuale e riducendo la privacy a un ricordo.

• Disoccupazione tecnologica: L'automazione sta sostituendo milioni di posti di lavoro in settori come la manifattura, la logistica e i servizi. Se non gestita, questa trasformazione rischia di lasciare intere comunità senza mezzi di sostentamento, ampliando il divario tra chi beneficia della tecnologia e chi ne resta escluso, con conseguenti tensioni sociali.

• Sicurezza globale: Le tecnologie emergenti stanno introducendo rischi senza precedenti per la stabilità internazionale. Il quantum computing potrebbe decodificare i sistemi di crittografia tradizionali, esponendo comunicazioni militari, transazioni finanziarie e reti governative a intrusioni. L'interconnessione di miliardi di dispositivi tramite l'Internet delle Cose (IoT) rende le infrastrutture critiche vulnerabili: un attacco hacker a un singolo dispositivo potrebbe propagarsi rapidamente, colpendo centrali elettriche, ospedali e trasporti. Allo stesso tempo, l'IA autonoma potrebbe essere manipolata per destabilizzare mercati finanziari o lanciare operazioni di guerra cibernetica. L'accesso a biotecnologie avanzate, con macchine economiche ed accessibili a tutti, potrebbe consentire la creazione di agenti biologici mirati, con effetti devastanti su specifiche popolazioni o ecosistemi. Allo stesso tempo, l'algoritmo del potere potrebbe amplificare la diffusione di fake news, destabilizzando il panorama geopolitico e minando la fiducia nelle istituzioni democratiche.

Le tecnologie, che dovrebbero essere strumenti per unire, rischiano di diventare vettori di divisione. Mentre l'Europa cerca di regolamentare, gli Stati Uniti e la Cina si confrontano in una nuova guerra fredda tecnologica, dove l'algoritmo del potere è sia arma che territorio di conquista. Nel frattempo, una nuova generazione di imprenditori e scienziati, spesso immigrati in cerca di libertà e risorse, plasma il futuro dell'intelligenza artificiale nei laboratori della Silicon Valley e oltre.

La sfida più grande non è solo tecnologica, ma esistenziale: come possiamo governare un potere che cresce più velocemente della nostra capacità di comprenderlo? Come possiamo garantire che l'algoritmo rimanga al servizio dell'umanità invece di diventare il nostro padrone? La storia ci insegna che ogni grande concentrazione di potere porta con sé il rischio di abusi e catastrofi, ma anche che l'umanità è capace di trovare nuove strade per governare le forze che ha creato.

Questo libro esplora l'anatomia dell'algoritmo del potere: come funziona, chi lo controlla, quali sono i suoi effetti sulla società e sulla geopolitica mondiale. Attraverseremo i laboratori dove viene sviluppato, le sale del potere dove viene disputato, i luoghi dove sta già trasformando la vita delle persone. Esamineremo le opportunità che offre e i rischi che comporta, cercando di capire come possiamo plasmare il suo sviluppo per servire il bene comune invece di minacciarlo.

Non è più tempo di essere spettatori passivi di questa trasformazione. L'algoritmo del potere sta ridisegnando il mondo sotto i nostri occhi, e le decisioni che prendiamo oggi determineranno se questo nuovo potere ci renderà più liberi o ci renderà schiavi delle nostre stesse creazioni. Il destino dell'umanità dipende dalla nostra capacità di comprendere e governare questo algoritmo prima che sia troppo tardi.

PARTE 1

LE TECNOLOGIE CHE STANNO
CAMBIANDO IL MONDO

CAPITOLO 1
L'INTELLIGENZA ARTIFICIALE: LA NUOVA ERA DELLA CREATIVITÀ

Nel silenzio dei laboratori di ricerca e nei server delle grandi aziende tecnologiche, una rivoluzione sta ridefinendo i confini del potere umano. L'intelligenza artificiale, un tempo confinata nei romanzi di fantascienza, è diventata una forza tangibile che plasma la nostra realtà quotidiana, alimentando quello che possiamo definire il più grande algoritmo del potere mai creato dall'uomo.

La natura rivoluzionaria di questo cambiamento si inserisce in una lunga tradizione di scoperte e invenzioni che hanno plasmato il corso dell'umanità. La storia inizia con il fuoco: un elemento primordiale che ha permesso ai nostri antenati di cucinare il cibo, scaldarsi nelle notti fredde e proteggersi dai predatori. Più di una semplice scoperta, il fuoco ha trasformato la società primitiva, rendendo possibile una vita più stabile e aprendo le porte a nuovi modi di interagire con l'ambiente. Da quella scintilla primordiale, è nato il primo passo verso la civilizzazione.

Poi arrivò la ruota, un'invenzione che sembrava banale ma che cambiò radicalmente il corso della storia. Con la ruota, l'umanità poté trasportare carichi più pesanti, costruire infrastrutture complesse e connettere popoli distanti. La ruota non era solo uno strumento tecnico, ma un simbolo del progresso, capace di accelerare il ritmo del cambiamento sociale ed economico.

Secoli dopo, un'altra scoperta epocale: la stampa. Con l'invenzione dei caratteri mobili di Johannes Gutenberg nel XV secolo, le conoscenze che un tempo erano privilegio di pochi iniziarono a diffondersi su scala globale. Libri e idee attraversarono continenti, ispirando movimenti rivoluzionari, trasformando religioni e cambiando il destino delle nazioni. La stampa democratizzò l'accesso all'informazione, permettendo a milioni di persone di immaginare mondi nuovi e reclamare il loro posto nella storia.

Parallelamente, i progressi in campo medico iniziarono a cambiare il rapporto dell'uomo con la vita e la morte. La scoperta del vaccino da parte di Edward Jenner nel XVIII secolo non solo sconfisse il vaiolo, ma inaugurò una nuova era per la salute pubblica. Più tardi, l'invenzione degli antibiotici, come la penicillina di Alexander Fleming, trasformò le prospettive di sopravvivenza umana, offrendo speranza contro infezioni che un tempo erano sentenze di morte. Questi progressi medici non solo salvarono vite, ma cambiarono radicalmente il modo in cui la società concepiva il rischio e la vulnerabilità.

La polvere da sparo, scoperta in Cina e poi adottata globalmente, segnò una svolta nella storia militare. Con essa, castelli un tempo inespugnabili vennero abbattuti, e il modo di esercitare il potere politico e militare venne completamente riscritto. Questo nuovo strumento non distruggeva solo le difese, ma riorganizzava intere gerarchie di potere.

Con l'invenzione del motore a scoppio, l'umanità entrò nell'era della mobilità. Le distanze, che un tempo richiedevano giorni o settimane per essere percorse, potevano ora essere coperte in ore. Città e villaggi si connettevano, le economie si trasformavano, e il mondo sembrava improvvisamente più piccolo. Il motore a scoppio non era solo un mezzo di trasporto, ma una macchina del cambiamento che ridefiniva lo spazio e il tempo.

L'elettricità fu un'altra svolta epocale. Con essa, le case si illuminarono, le fabbriche si animarono e la notte perse il suo dominio sull'umanità. Era una forza invisibile, ma onnipresente, capace di alimentare sia le vite quotidiane sia le più grandi imprese dell'industria. L'elettricità divenne la linfa vitale di una nuova era tecnologica, trasformando il modo di vivere, lavorare e sognare.

Poi venne internet, una rete globale che cancellò le distanze e democratizzò l'accesso all'informazione. Per la prima volta nella storia, chiunque, ovunque, poteva connettersi a un vasto oceano di conoscenza. Internet cambiò non solo le dinamiche sociali ed economiche, ma anche il modo in cui le persone percepivano il mondo: non più come un insieme di confini fisici, ma come una rete interconnessa.

Ogni rivoluzione tecnologica ha rappresentato un salto evolutivo, un momento in cui l'umanità ha trovato nuovi strumenti per espandere i propri confini e ridefinire il proprio destino. Ognuna di queste invenzioni ha trasformato non solo le tecnologie disponibili, ma anche le fondamenta stesse della società, dall'economia alla politica, dai rapporti sociali ai valori culturali.

Come ogni grande rivoluzione tecnologica, dalla ruota alla stampa, all'elettricità fino ad internet, l'IA sta riscrivendo il modo in cui viviamo e lavoriamo. Ma c'è una differenza cruciale: mentre le rivoluzioni passate amplificavano il nostro potere fisico o comunicativo, l'IA amplifica il nostro potere intellettuale. Non si tratta solo di un progresso tecnologico, ma di una ridefinizione del concetto stesso di potere, ora concentrato nei codici e negli algoritmi che controllano il nostro mondo.

Prima che questa rivoluzione prendesse forma, l'idea di macchine pensanti era rimasta confinata nei laboratori e nell'immaginazione degli scienziati. Nel 1950, il matematico

Alan Turing pose una domanda destinata a cambiare il corso della storia: "Possono le macchine pensare?". Questa domanda apparentemente semplice diede il via alla ricerca sull'intelligenza artificiale. Negli anni '60, i primi programmi riuscivano già a risolvere problemi matematici semplici, ma il vero potere dell'IA rimaneva un sogno lontano, limitato dalla potenza di calcolo disponibile e dalla comprensione ancora rudimentale di come replicare l'intelligenza.

E ora, sulla scia di queste rivoluzioni, emerge l'intelligenza artificiale. Ma a differenza del fuoco, della ruota o dell'elettricità, l'IA non è visibile né tangibile. Non si presenta sotto forma di oggetto o fenomeno fisico. È un potere nascosto nei processori e negli algoritmi, un'intelligenza che cresce silenziosamente nelle reti globali. E proprio come le invenzioni passate, l'IA non sta solo trasformando il mondo: lo sta ridisegnando in modi che solo ora iniziamo a comprendere.

La svolta arrivò nel 1997, quando il supercomputer Deep Blue sconfisse il campione mondiale di scacchi Garry Kasparov. Non era solo una vittoria in un gioco: era la prima dimostrazione che una macchina poteva superare l'intelletto umano in un compito specifico che richiedeva strategia e pensiero complesso. Questo momento segnò l'inizio di una nuova era nel potere computazionale.

Vent'anni dopo, nel 2017, un altro passo decisivo amplificò ulteriormente questo potere: AlphaGo, sviluppato da Deep-Mind, sconfisse il campione mondiale di Go, un gioco infinitamente più complesso degli scacchi. La differenza cruciale? AlphaGo non seguiva regole programmate: aveva imparato da solo, sviluppando strategie che stupirono gli esperti umani. Era la prima dimostrazione di come l'algoritmo del potere potesse non solo eseguire istruzioni, ma creare nuova conoscenza.

Demis Hassabis, CEO di DeepMind, descrive questa rivoluzione come "il più grande moltiplicatore di capacità umane mai creato". E gli esempi concreti di questo moltiplicatore di potere sono ovunque intorno a noi:

- Nel campo medico, l'IA di Google DeepMind ha recentemente scoperto nuovi antibiotici analizzando miliardi di combinazioni molecolari in pochi giorni, un compito che avrebbe richiesto anni di ricerca tradizionale.
- Nella gestione ambientale, i sistemi di Microsoft AI for Earth stanno monitorando in tempo reale la deforestazione dell'Amazzonia, utilizzando satelliti e algoritmi di computer vision per identificare le attività illegali prima che sia troppo tardi.
- Nel settore finanziario, gli algoritmi di JPMorgan eseguono analisi di mercato e operazioni di trading in millisecondi, gestendo volumi di transazioni impossibili per gli operatori umani.
- Nella ricerca scientifica, l'IA di Berkeley ha recentemente scoperto 220 nuovi materiali per batterie, accelerando di decenni lo sviluppo di tecnologie sostenibili.

Oggi, l'IA ha fatto un ulteriore salto qualitativo, manifestando il suo potere in modi che sembrano magici. Sistemi come DALL-E e Midjourney trasformano semplici descrizioni testuali in opere d'arte sofisticate. ChatGPT può sostenere conversazioni complesse su qualsiasi argomento, scrivere codice funzionante e persino comporre poesie che rivaleggiano con quelle umane. Tesla utilizza l'IA per far guidare le auto in autonomia, mentre DeepMind ha creato sistemi che possono prevedere la struttura delle proteine, accelerando la ricerca medica di decenni.

"Stiamo assistendo a una rivoluzione silenziosa ma inesorabile," afferma Fei-Fei Li, pioniera dell'IA a Stanford. Come l'elettricità ha reso invisibile l'energia, trasformandola in un'utilità universale, l'IA sta rendendo invisibile l'intelligenza, trasformandola in una risorsa onnipresente. Questa analogia con l'elettricità è particolarmente interessante: come non pensiamo all'elettricità quando accendiamo una lampadina, presto non penseremo all'IA quando interagiremo con sistemi intelligenti.

Il potere trasformativo di questa rivoluzione silenziosa si manifesta anche nelle piccole interazioni quotidiane. Quando il vostro smartphone suggerisce la prossima parola mentre scrivete un messaggio, quando Netflix vi consiglia esattamente il film che volevate vedere, quando Spotify crea una playlist perfetta per il vostro umore, state interagendo con l'algoritmo del potere. È come avere migliaia di assistenti invisibili che anticipano i vostri desideri e necessità.

Yoshua Bengio, vincitore del Turing Award (considerato il Nobel dell'informatica), paragona questa trasformazione a un "cambio di stato" della società: "Come l'acqua che diventa vapore quando raggiunge il punto di ebollizione, la società sta attraversando una trasformazione di fase fondamentale grazie all'IA. Le regole del gioco stanno cambiando completamente."

Il potere dell'IA moderna si basa su una convergenza senza precedenti di fattori: l'esplosione dei dati disponibili, l'aumento esponenziale della potenza di calcolo e lo sviluppo di algoritmi sempre più sofisticati. È come se avessimo costruito un cervello artificiale che può imparare da miliardi di esempi in pochi giorni, superando i limiti biologici dell'apprendimento umano. Questo potere computazionale non è solo quantitativo, ma qualitativo: sta cambiando la natura stessa di come pensiamo all'intelligenza e alla creatività.

L'impatto di questa trasformazione si riflette profondamente nella nostra cultura. Da "2001: Odissea nello spazio" a "Ex Machina", le nostre storie oscillano tra il fascino per le possibilità dell'IA e la paura delle sue conseguenze. Questa tensione non è solo narrativa: riflette un dibattito reale sul futuro dell'umanità nell'era dell'algoritmo del potere. Come osserva Stuart Russell, uno dei pionieri dell'IA, il successo nella creazione dell'IA sarebbe il più grande risultato nella storia umana. Sfortunatamente, potrebbe anche essere l'ultimo.

La rivoluzione è, inoltre, silenziosa perché avviene principalmente nel mondo dei bit e degli algoritmi, ma il suo impatto è più profondo di qualsiasi precedente innovazione tecnologica. A differenza del motore a vapore o dell'elettricità, che trasformavano visibilmente il mondo fisico, l'IA opera nel regno dell'invisibile, decidendo per noi senza che ce ne accorgiamo. Ma proprio questo silenzio la rende tanto potente quanto trasformativa: sta ridisegnando il tessuto stesso della società, un algoritmo alla volta.

Questa trasformazione silenziosa sta ridefinendo non solo cosa possiamo fare, ma chi siamo come società. Le decisioni che un tempo richiedevano esperienza umana - dall'approvazione di un prestito alla diagnosi di una malattia, dalla gestione del traffico cittadino alla previsione dei cambiamenti climatici - vengono sempre più delegate a sistemi di IA. Questo trasferimento di potere decisionale dagli umani agli algoritmi rappresenta uno dei cambiamenti più profondi nella storia della civiltà.

L'ARCHITETTURA DEL POTERE CREATIVO

Per comprendere veramente come l'algoritmo del potere stia trasformando il mondo, dobbiamo prima capire come funziona l'intelligenza artificiale moderna. Ogni grande infrastruttura tecnologica nella storia – dalle strade romane alla rete elettrica – ha rappresentato un'architettura che canalizzava il potere. L'intelligenza artificiale non è diversa: non è solo una tecnologia, ma una rete intricata di algoritmi, dati e potenza di calcolo che costituisce una nuova infrastruttura globale. Comprendere questa architettura significa svelare i meccanismi che governano il potere nel XXI secolo.

Immaginate un bambino che impara a riconoscere i gatti: non studia un manuale di regole su "come identificare un gatto", ma osserva molti esempi diversi finché il suo cervello non sviluppa la capacità di riconoscerli automaticamente. L'IA moderna funziona in modo simile, attraverso un processo chiamato Machine Learning (apprendimento automatico). Questo nuovo potere di apprendimento si basa su due elementi fondamentali: i dati e la capacità di calcolo. Come un cervello ha bisogno di neuroni e di esperienza per imparare, l'IA ha bisogno di potenti computer e di grandi quantità di informazioni.

È qui che entra in gioco il Deep Learning (apprendimento profondo), la tecnologia che ha rivoluzionato il campo dell'IA nell'ultimo decennio. Geoffrey Hinton, spesso chiamato il "padrino del Deep Learning", lo descrive così: "È come se avessimo scoperto un nuovo continente dell'intelligenza, con le sue leggi e le sue regole uniche."

Il Deep Learning utilizza "reti neurali artificiali", strutture matematiche vagamente ispirate al funzionamento del cervello umano. Per capire come funzionano, immaginate una grande orchestra: ogni musicista (neurone) riceve input dagli altri musicisti e contribuisce alla sinfonia complessiva (output). Come un'orchestra migliora con le prove, la rete neurale migliora con l'esposizione ai dati. Queste reti sono organizzate in strati, dove ogni strato elabora l'informazione in modo sempre più sofisticato. È come se ogni strato aumentasse il potere di comprensione del sistema: il primo potrebbe riconoscere linee e forme semplici, il secondo patterns più complessi, il terzo oggetti interi, e così via fino a livelli di astrazione sorprendenti.

Andrew Ng, pioniere del Deep Learning e fondatore di DeepMind, spiega: "Se il XX secolo è stato l'era dell'elettricità, il XXI secolo sarà l'era delle reti neurali profonde. Così come l'elettricità ha trasformato ogni industria, il Deep Learning sta facendo lo stesso." Questa trasformazione è evidente nei risultati: sistemi di Deep Learning oggi superano gli esperti umani in compiti che vanno dalla diagnosi del cancro al riconoscimento vocale.

Un esempio emblematico del potere del Deep Learning è l'algoritmo di riconoscimento facciale sviluppato da Clearview AI. Questo sistema, addestrato su miliardi di immagini prese da Internet, può identificare persone con un'accuratezza impressionante. È un esempio perfetto di come l'architettura dell'IA moderna combini tre elementi chiave: dati massivi (le immagini), potenza di calcolo significativa e algoritmi sofisticati.

I modelli di linguaggio, come GPT, rappresentano forse l'esempio più avanzato di questo potere computazionale. Questi sistemi vengono addestrati su quantità enormi di testo - praticamente tutto ciò che l'umanità ha pubblicato online - e sviluppano la capacità non solo di comprendere il linguaggio, ma di generare testi coerenti e significativi. Yann LeCun, capo scienziato dell'IA di Meta, li paragona a "biblioteche viventi che non solo contengono informazioni, ma le comprendono e le rielaborano in modi creativi."

Tuttavia, questo potere computazionale solleva questioni fondamentali sulla sua distribuzione e controllo. I dati e la capacità di calcolo, i due pilastri su cui si basa l'apprendimento automatico, sono concentrati nelle mani di poche grandi aziende tecnologiche. Colossi come Google, Microsoft, Meta e OpenAI non solo possiedono le risorse necessarie per sviluppare IA avanzate, ma determinano anche chi può accedere a questa tecnologia e a che condizioni. Questo rende l'architettura dell'IA non solo una questione tecnica, ma una struttura di potere concentrato.

Kate Crawford, ricercatrice di IA ed autrice di "Atlas of AI", sottolinea che l'infrastruttura dell'IA è chiave del potere del XXI secolo. Chi controlla questa infrastruttura controlla l'algoritmo del potere. Questa concentrazione di potere si manifesta in modi concreti: dai data center che consumano l'energia di intere città, ai supercomputer che costano centinaia di milioni di dollari.

L'architettura del potere creativo dell'IA presenta anche limiti significativi. L'IA attuale, per quanto impressionante, è ancora "ristretta" a compiti specifici. Un sistema che può battere qualsiasi umano a scacchi non sa guidare un'auto. Un modello che può scrivere poesie non capisce veramente il significato delle parole che usa. L'intelligenza artificiale moderna può essere vista come un genio specializzato: straordinariamente competente in compiti specifici, ma sorprendentemente carente quando si tratta di adattarsi ad ambiti più generali o complessi.

Nonostante questi limiti, l'architettura dell'IA sta diventando una risorsa geopolitica cruciale. I paesi e le aziende che controllano l'accesso alle tecnologie di apprendimento profondo stanno accumulando un vantaggio strategico significativo. La capacità di sviluppare e implementare sistemi avanzati non è solo una questione tecnologica, ma un elemento di potere economico e politico su scala globale.

Sam Altman, CEO di OpenAI, descrive questa dinamica in termini chiari: "L'IA è una tecnologia di potere esponenziale. La differenza tra avere accesso ai migliori modelli e non averlo sarà come la differenza tra l'era nucleare e l'era prenucleare." Questa analogia sottolinea quanto sia cruciale comprendere non solo le capacità tecniche dell'IA, ma anche la sua architettura di potere.

Comprendere l'architettura del'AI basti pensare questa tecnologia non solo come un insieme di algoritmi e computer, ma come una nuova forma di infrastruttura che sta ridefinendo le relazioni di potere nella società. Ma cosa succede quando questa architettura diventa capace di creare in un modo che un tempo era riservato esclusivamente agli esseri umani?

IL POTERE DELLA CREAZIONE ARTIFICIALE

La creatività è sempre stata considerata una delle massime espressioni del potere umano. È attraverso la creatività che abbiamo progettato città, scritto opere immortali e sviluppato tecnologie che hanno cambiato il corso della storia. Ora, con l'avvento dell'intelligenza artificiale generativa, questo potere si sta trasferendo alle macchine, creando uno scenario in cui l'algoritmo del potere non solo replica l'ingegno umano, ma lo amplifica, introducendo nuove forme di creazione mai viste prima.

Se c'è un ambito dove l'IA sta mostrando le sue capacità più sorprendenti, è proprio quello della creatività artificiale. Fino a pochi anni fa, la creatività era considerata un dominio esclusivamente umano, una fortezza inespugnabile dell'ingegno naturale. Oggi, questa fortezza sta cadendo. Come osserva David Deutsch, fisico e pioniere del quantum computing: "La creatività non è più un mistero magico riservato agli esseri umani, ma un processo che possiamo comprendere e replicare attraverso l'algoritmo."

L'IA generativa rappresenta una forma di potere creativo senza precedenti. Con un semplice prompt testuale, questi sistemi possono generare immagini fotorealistiche che non sono mai esistite, comporre musica in qualsiasi stile, scrivere storie o creare video. Ad esempio, sistemi come DALL-E non si limitano a imitare l'arte visiva: reinterpretano gli input degli utenti per generare immagini che combinano creatività e precisione tecnica in modi che sfidano la nostra comprensione della creatività stessa.

MidJourney ha rivoluzionato la creazione di grafica per il marketing e i media, mentre Stable Diffusion consente a chiunque di esplorare la creazione artistica a un livello mai visto prima. Questi strumenti non democratizzano solo l'arte, ma trasformano il concetto stesso di creatività, spostandolo da una prerogativa esclusivamente umana a una collaborazione tra uomo e macchina.

Jason Allen, che ha vinto un premio d'arte con un'opera generata dall'IA, spiega: "Non si tratta di sostituire gli artisti umani, ma di espandere i confini di ciò che è possibile creare. L'IA è come avere un collaboratore con una prospettiva completamente aliena, che vede connessioni che noi umani potremmo non notare mai." Questa nuova forma di collaborazione creativa sta ridefinendo il concetto stesso di authorship e originalità.

Nel campo della musica, esistono sistemi di AI che non solo compongono brani originali, ma possono fondere stili diversi in modi innovativi. Immaginatevi Bach che incontra il jazz, o Mozart che si fonde con il rock progressivo. Holly Herndon, musicista e ricercatrice, ha creato "Holly+", un'IA addestrata sulla sua voce che può cantare in qualsiasi stile. "È come avere un clone vocale che esplora possibilità musicali che io fisicamente non potrei mai raggiungere," spiega Herndon.

Ma questo potere va oltre le arti tradizionali. La domanda fondamentale che emerge è questa: l'IA può essere realmente creativa? La risposta dipende da come definiamo la creatività. Margaret Boden, studiosa di scienze cognitive, distingue tre tipi di creatività: combinatoria (unire elementi familiari in modi nuovi), esplorativa (scoprire nuove possibilità all'interno di uno spazio strutturato) e trasformativa (cambiare le regole del gioco). L'IA sta dimostrando capacità in tutte e tre queste dimensioni.

Prendiamo, ad esempio, la capacità dell'IA di *combinare* elementi esistenti in modi nuovi e sorprendenti. Un modello come DALL-E 2 può prendere concetti apparentemente scollegati, come "un avocado a forma di poltrona" o "un dipinto cubista di un gatto che suona la tromba," e fonderli in immagini coerenti e spesso sorprendentemente artistiche. Non si tratta di semplice collage digitale; il sistema dimostra una comprensione implicita delle forme, degli stili e delle relazioni tra gli oggetti che va oltre la mera riproduzione di ciò che ha visto nei dati di addestramento.

Nell'ambito della *creatività esplorativa*, l'IA eccelle nel navigare all'interno di spazi creativi definiti da regole precise. AlphaGo, il sistema di DeepMind che ha sconfitto il campione mondiale di Go, non si è limitato a memorizzare mosse e strategie: ha esplorato lo spazio combinatorio del gioco in modo più efficace di qualsiasi umano, scoprendo nuove tattiche che hanno sorpreso persino i giocatori più esperti. "AlphaGo ha giocato mosse che nessun umano avrebbe mai fatto, e così facendo ha ampliato la nostra comprensione del gioco," ha commentato Fan Hui, uno dei giocatori professionisti sconfitti da AlphaGo. Questo dimostra come l'IA possa non solo padroneggiare le regole di un dominio, ma anche espanderne i confini creativi.

Ma è forse nella *creatività trasformativa* – la capacità di cambiare le regole del gioco – che l'IA generativa mostra il suo potenziale più dirompente. Consideriamo, ad esempio, il campo della scoperta di nuovi materiali. Tradizionalmente, questo processo si basa su un mix di intuizione, esperienza e, ammettiamolo, fortuna. Gli scienziati sperimentano con diverse combinazioni di elementi, spesso guidati da conoscenze pregresse e da congetture. L'IA, invece, può esplorare milioni di possibili combinazioni in parallelo, valutando le loro proprietà in base a modelli predittivi. Un team di ricercatori di Berkeley ha utilizzato questo approccio per identificare 220 nuovi materiali potenzialmente utili per la produzione di batterie, un risultato che avrebbe richiesto decenni di ricerca tradizionale. Questo non è solo un'accelerazione del processo di scoperta: è un cambiamento di paradigma. L'IA non si limita a seguire le regole della chimica dei materiali esistente; sta contribuendo a riscriverle.

E ancora, l'IA non si ferma alla creazione di oggetti statici come immagini o testi. Sistemi come Jukebox di OpenAI

possono generare brani musicali completi, con tanto di melo-
die, armonie e persino voci sintetiche, in una varietà di stili.
Non si tratta solo di replicare la musica esistente: Jukebox può
creare composizioni originali che, pur ispirandosi a generi
musicali noti, presentano elementi di novità e complessità che
sfidano la nostra idea di cosa signifìchi "comporre" musica.
"È come avere un collaboratore musicale instancabile che non
si stanca mai di sperimentare," ha affermato un musicista che
ha utilizzato Jukebox nel suo processo creativo.

Questo ci porta a una domanda cruciale: l'IA può essere
veramente "originale"? Se per originalità intendiamo la capacità di produrre qualcosa di completamente nuovo, che non
sia una semplice derivazione di ciò che è già esistito, allora la
risposta è ancora incerta. I critici sostengono che l'IA, per
quanto sofisticata, sia ancora limitata dai dati su cui viene
addestrata. "L'IA può solo ricombinare ciò che ha già visto,
non può creare ex nihilo," affermano. Tuttavia, questa visione
potrebbe essere troppo restrittiva. Come osserva Margaret
Boden, anche la creatività umana non nasce dal nulla, ma si
basa su esperienze, conoscenze e influenze preesistenti. La
differenza è che l'IA può processare una quantità di dati e
identificare connessioni che sfuggirebbero alla mente umana,
aprendo la strada a forme di creatività che potremmo definire
"originali" in un senso nuovo e più ampio.

L'impatto di questa nuova forma di creatività artificiale si
estende ben oltre il campo artistico. Nel design industriale, ad
esempio, l'IA generativa viene utilizzata per progettare nuovi
prodotti, dai mobili alle automobili, ottimizzandone la forma,
la funzionalità e l'efficienza in modi che sarebbero impossibili
per un designer umano. Autodesk, un'azienda leader nel software di progettazione, ha sviluppato un sistema chiamato
Dreamcatcher che consente ai progettisti di specificare i requi-
siti di un oggetto - ad esempio, una sedia che deve sostenere
un certo peso, essere realizzata con un determinato materiale
e avere un'estetica particolare - e lasciare che l'IA generi centi-

naia di possibili design, molti dei quali sarebbero stati impensabili per un essere umano. È come avere a disposizione un intero team di ingegneri che lavorano in parallelo, esplorando tutte le possibilità.

Questo nuovo potere creativo solleva però anche interrogativi inquietanti. Se un'IA può creare opere d'arte, comporre musica o progettare prodotti, qual è il ruolo dell'artista o del designer umano? L'IA diventerà un semplice strumento nelle mani dei creativi umani, o li sostituirà del tutto? E ancora, chi detiene la proprietà intellettuale di un'opera creata da un'IA? L'autore del software? L'utente che ha fornito l'input? O forse l'IA stessa, se mai le venisse riconosciuta una qualche forma di personalità giuridica?

Queste domande non hanno risposte facili e ci costringono a ripensare profondamente il concetto stesso di creatività, autorialità e valore economico nell'era dell'algoritmo del potere. Una cosa è certa: il potere della creazione artificiale sta trasformando il nostro mondo in modi che possiamo solo iniziare a immaginare, aprendo nuove frontiere di possibilità creative, ma anche nuovi dilemmi etici e sociali. Il confine tra creatore e strumento, tra umano e artificiale, sta diventando sempre più labile, e le decisioni che prenderemo nei prossimi anni determineranno se questo nuovo potere creativo sarà una forza di liberazione o di alienazione per l'umanità.

L'IA NEL MONDO REALE

L'intelligenza artificiale è spesso percepita come una tecnologia distante, confinata nei laboratori o nei server delle grandi aziende. Tuttavia, il vero potere dell'algoritmo si manifesta in modo invisibile nella nostra vita quotidiana. Ogni volta che effettuiamo una ricerca online, utilizziamo un assistente virtuale o riceviamo un suggerimento personalizzato, stiamo interagendo con sistemi di IA che prendono decisioni per noi, spesso senza che ce ne rendiamo conto. Questo potere, silenzioso ma onnipresente, sta ridefinendo la nostra realtà. Il potere dell'intelligenza artificiale non si limita ai laboratori di ricerca o ai server delle grandi aziende tecnologiche. È già profondamente integrato nella nostra vita quotidiana, spesso in modi che non notiamo nemmeno. Questo potere silenzioso sta ridefinendo settori cruciali della società, dalla medicina all'industria, dalla ricerca scientifica alla vita di tutti i giorni.

Un altro aspetto del potere dell'IA nel mondo reale è rappresentato dai sistemi di sorveglianza avanzata. In paesi come la Cina, il riconoscimento facciale e l'analisi predittiva vengono utilizzati per monitorare le attività dei cittadini, spesso senza il loro consenso. Il sistema di credito sociale cinese, alimentato dall'IA, assegna punteggi comportamentali ai cittadini, influenzando il loro accesso a servizi pubblici e opportunità economiche. Questo è un esempio di come l'algoritmo del potere possa essere usato non solo per ottimizzare, ma per controllare.

In medicina, l'algoritmo del potere sta mostrando capacità diagnostiche che talvolta superano quelle dei medici umani. Sistemi di IA possono analizzare radiografie, risonanze magnetiche e TAC individuando tumori e patologie con una precisione impressionante. Un esempio concreto è l'algoritmo DeepMind Health, utilizzato per analizzare immagini oftalmologiche e identificare segni precoci di retinopatia diabetica, una delle principali cause di cecità. In modo simile, PathAI sta rivoluzionando la diagnostica patologica automatizzando l'analisi di biopsie per individuare tumori. Questi sistemi non solo migliorano l'accuratezza, ma riducono significativamente i tempi di diagnosi, potenziando i medici con strumenti che amplificano il loro impatto. Non si tratta di sostituire i medici, ma di potenziarli: l'IA può processare migliaia di immagini in pochi secondi, identificando patterns che potrebbero sfuggire all'occhio umano, mentre il medico mantiene il potere decisionale finale sulla diagnosi e il trattamento. Più recentemente, durante la pandemia di COVID-19, l'IA ha dimostrato il suo valore nell'accelerare lo sviluppo di vaccini, nell'analizzare grandi quantità di dati epidemiologici per prevedere l'andamento dei contagi e nell'ottimizzare la gestione delle risorse sanitarie negli ospedali.

Nel campo industriale, il potere dell'IA si manifesta attraverso sistemi di automazione sempre più sofisticati. Le fabbriche moderne utilizzano l'IA per ottimizzare la produzione, prevedere guasti prima che accadano e gestire catene di approvvigionamento complesse. Nel settore manifatturiero, Siemens utilizza piattaforme di intelligenza artificiale per monitorare e ottimizzare l'efficienza delle linee di produzione in tempo reale. Questi sistemi non si limitano a rilevare problemi: apprendono costantemente dai dati per proporre miglioramenti e garantire che ogni processo sia ottimizzato al massimo. Questo tipo di potere produttivo algoritmico sta riducendo i costi e aumentando la competitività, trasformando interi settori industriali. Questo nuovo potere produttivo non si limita a replicare azioni ripetitive: può adattarsi a situazioni impreviste, imparare dall'esperienza e migliorare costantemente le proprie prestazioni. Tuttavia, l'automazione guidata dall'IA solleva anche preoccupazioni per il futuro del lavoro. Se da un lato si assiste alla nascita di nuove professioni legate allo sviluppo e alla gestione dell'IA, dall'altro molti lavori tradizionali, non solo in ambito manifatturiero ma anche in settori impiegatizi e di servizi, rischiano di essere sostituiti da macchine. Si parla sempre più di "lavoro aumentato" dall'IA, in cui le capacità umane vengono potenziate, e non rimpiazzate, dalla tecnologia. Ma la transizione verso questo nuovo modello di lavoro richiederà politiche lungimiranti in termini di formazione e riqualificazione professionale.

La ricerca scientifica sta vivendo una vera e propria rivoluzione grazie a questo nuovo potere computazionale. L'IA può analizzare enormi quantità di dati scientifici, identificare correlazioni nascoste e persino formulare nuove ipotesi.

Un aspetto positivo, e spesso trascurato, è il contributo che l'IA può dare nel campo dell'accessibilità. Tecnologie come la sintesi e il riconoscimento vocale, la traduzione linguistica automatica e la descrizione di immagini per non vedenti, stanno aprendo nuove possibilità di inclusione per le persone con disabilità. L'IA può contribuire a creare un mondo più accessibile e inclusivo, abbattendo barriere comunicative e sensoriali che per troppo tempo hanno limitato la partecipazione di molti.

Tuttavia, l'IA non è neutrale. La sua integrazione nella società sta creando nuovi squilibri di potere. Chi ha accesso a queste tecnologie può influenzare non solo i mercati, ma anche le istituzioni democratiche. Algoritmi di IA che decidono quali notizie mostrare, quali candidati politici favorire o quali prodotti promuovere hanno un impatto profondo sul comportamento umano, spesso amplificando le disuguaglianze sociali. Inoltre, l'IA viene sempre più utilizzata per creare e diffondere disinformazione. I cosiddetti "deepfake", video o audio falsi ma estremamente realistici generati tramite algoritmi di IA, rappresentano una minaccia crescente per la fiducia nell'informazione e per la stabilità sociale. La capacità di manipolare l'opinione pubblica attraverso la diffusione di notizie false su larga scala, orchestrata da sistemi automatizzati, è uno dei lati oscuri dell'algoritmo del potere. Questo potere invisibile è tanto pervasivo quanto difficile da regolare, rendendo essenziale una governance responsabile.

In campi come la scoperta di nuovi farmaci, sistemi di IA possono valutare milioni di possibili combinazioni molecolari in pochi giorni, un compito che richiederebbe anni di lavoro umano. L'intelligenza artificiale è già profondamente integrata nella nostra vita quotidiana, rimodellando settori fondamentali come la medicina, l'industria e la ricerca. Ma la sua presenza è spesso talmente discreta da risultare quasi invisibile. Quando utilizziamo la correzione automatica mentre scriviamo un messaggio, quando il nostro navigatore ci suggerisce il percorso più veloce per evitare il traffico, quando i filtri anti-spam eliminano automaticamente i messaggi indesiderati dalla nostra casella di posta, stiamo interagendo con sistemi di IA che operano silenziosamente dietro le quinte. Questa pervasività discreta è una caratteristica chiave dell'algoritmo del potere: influenza le nostre scelte e i nostri comportamenti senza che ne siamo pienamente consapevoli. Ma mentre celebriamo i suoi successi, dobbiamo guardare avanti: quali saranno le nuove frontiere del potere che l'IA ci porterà? E come possiamo assicurarci che questo potere venga utilizzato in modo equo e responsabile? La concentrazione di dati, risorse computazionali e competenze tecniche nelle mani di poche grandi aziende e governi crea un potenziale di abuso e di manipolazione senza precedenti. Se, come abbiamo visto, l'algoritmo del potere può essere utilizzato per controllare i cittadini attraverso sistemi di sorveglianza di massa, può anche essere impiegato per influenzare le elezioni, polarizzare il dibattito pubblico o discriminare determinati gruppi sociali. La sfida, quindi, non è solo tecnologica, ma anche e soprattutto etica e politica.

LE NUOVE FRONTIERE DEL POTERE

Il potere tecnologico non è mai statico: evolve, si amplifica e si espande in modi che spesso superano le nostre aspettative. Con ogni progresso nell'intelligenza artificiale, ci avviciniamo a una soglia critica: quella in cui l'IA non si limiterà più a risolvere problemi specifici, ma inizierà a comprendere, ragionare e innovare in modo autonomo. Questa soglia rappresenta non solo una sfida tecnica, ma una ridefinizione del concetto stesso di potere umano e tecnologico. Mentre celebriamo i successi attuali dell'IA, all'orizzonte si profila una nuova frontiera ancora più ambiziosa: l'Intelligenza Artificiale Generale (AGI). Se l'IA attuale rappresenta un potere specializzato, limitato a compiti specifici, l'AGI promette - o minaccia - di replicare l'intera gamma dell'intelligenza umana. L'AGI, se realizzata, sarà in grado di apprendere qualsiasi compito intellettuale che un essere umano può svolgere, ma con una velocità, precisione e ampiezza di conoscenza che nessun cervello umano può eguagliare. Questo apre la strada a opportunità straordinarie, come l'accelerazione della scienza, la risoluzione di problemi globali come il cambiamento climatico e la creazione di tecnologie che nemmeno immaginiamo. Tuttavia, le implicazioni sono altrettanto preoccupanti: un'AGI mal gestita potrebbe destabilizzare intere economie, sovvertire sistemi politici e persino mettere a rischio la sopravvivenza umana. Sam Altman, CEO di OpenAI, ha definito l'AGI "la tecnologia più potente che l'umanità abbia mai creato", sottolineando l'urgenza di una governance responsabile. Allo stesso modo, Elon Musk ha avvertito che, senza regolamentazioni adeguate, l'AGI potrebbe diventare "più pericolosa delle armi nucleari". Queste dichiarazioni evidenziano la natura ambivalente del potere dell'AGI: un'arma a doppio taglio che può sia costruire un futuro migliore sia distruggerlo. Un sistema AGI potrebbe teoricamente fare qualsiasi cosa un essere umano può fare, e probabilmente molto di più.

Questa ricerca dell'AGI rappresenta la massima espressione dell'algoritmo del potere: la creazione di un'intelligenza artificiale che non solo eguagli quella umana, ma potenzialmente la superi in ogni ambito. Non sappiamo ancora se questo obiettivo sia raggiungibile, né quanto tempo potrebbe richiedere, ma la sola possibilità sta già influenzando lo sviluppo tecnologico globale. La possibilità dell'AGI solleva domande fondamentali: che cos'è il potere? Se un sistema artificiale potesse superare l'intelligenza umana, chi avrebbe il diritto di controllarlo? E, soprattutto, come possiamo garantire che le sue decisioni siano allineate con i valori umani? Queste domande non sono solo tecniche, ma filosofiche, toccando il cuore della nostra definizione di intelligenza, autonomia e responsabilità. L'algoritmo del potere, in questo contesto, non è solo una questione di efficienza o innovazione, ma di etica e significato.

Il ritmo dell'innovazione nell'IA continua ad accelerare. Ogni mese vengono annunciati nuovi progressi: modelli più potenti, applicazioni più sofisticate, risultati più impressionanti. Questa accelerazione tecnologica sta creando un nuovo tipo di potere che si autoalimenta: ogni avanzamento nell'IA viene utilizzato per sviluppare IA ancora più avanzate, in un ciclo di potenziamento continuo. Per esempio, i modelli linguistici come GPT-4 di OpenAI sono stati addestrati su dataset creati in parte da sistemi di IA precedenti. Questo significa che l'IA non solo sta imparando dai dati generati dagli umani, ma anche da quelli generati da altre IA, creando un ciclo di retroazione che amplifica le sue capacità a ogni iterazione. Un altro esempio è l'uso di algoritmi di IA per la progettazione di nuovi chip per computer, che a loro volta vengono utilizzati per addestrare IA più potenti. Aziende come Google e NVIDIA stanno già utilizzando l'IA per ottimizzare l'architettura dei loro processori, ottenendo prestazioni superiori rispetto a quelle ottenibili con la sola progettazione umana. Questo crea un circolo virtuoso in cui l'IA accelera lo sviluppo hardware che, a sua volta, supporta un'IA ancora più avanzata. Questo ciclo di auto-potenziamento è una caratteristica unica dell'IA avanzata. A differenza delle tecnologie tradizionali, che si sviluppano attraverso progressi incrementali, l'IA è in grado di migliorare se stessa, accelerando esponenzialmente il ritmo dell'innovazione. Pensiamo anche a come AlphaGo, dopo aver imparato a giocare a Go a livello sovrumano, sia stato utilizzato per addestrare AlphaZero, un sistema ancora più generale in grado di apprendere autonomamente qualsiasi gioco da tavolo. AlphaZero non ha imparato dagli umani, ma da una versione precedente di se stesso, dimostrando come l'IA possa superare i limiti della conoscenza umana attraverso l'autoapprendimento. Questo fenomeno, noto come "intelligenza esplosiva," rappresenta una delle frontiere più controverse e difficili da controllare del potere tecnologico. Se l'IA diventasse in grado di auto-migliorarsi senza intervento umano, il risultato potrebbe essere un sistema che supera ogni limite imposto dai suoi creatori.

Ma con questo crescente potere emergono anche nuove responsabilità. Come possiamo garantire che questi sistemi rimangano allineati con i valori e gli interessi umani? Come possiamo assicurarci che il potere dell'IA venga utilizzato per il bene comune e non diventi uno strumento di controllo o oppressione? Queste domande, che esploreremo nelle parti successive di questo libro, diventano sempre più urgenti man mano che il potere dell'IA continua a crescere.

L'intelligenza artificiale rappresenta molto più di una semplice tecnologia: è un nuovo tipo di potere che sta ridefinendo i limiti di ciò che è possibile. Come ogni forma di potere nella storia umana, il suo impatto finale dipenderà non tanto dalle sue capacità tecniche, quanto da come sceglieremo di utilizzarla, contenerla e governarla. Le nuove frontiere del potere che l'IA ci prospetta sono sia affascinanti che inquietanti. Dalla promessa di un futuro prospero alla minaccia di un disastro globale, l'IA rappresenta il bivio definitivo per la nostra specie. La vera sfida non sarà solo sviluppare queste tecnologie, ma governarle e contenerle, garantendo che l'algoritmo del potere rimanga al servizio dell'umanità.

Oltre all'AGI e all'auto-miglioramento, ci sono altre frontiere che delineano il futuro del potere algoritmico. Una di queste è l'informatica quantistica, che vedremo più avanti in dettaglio. Se l'IA attuale si basa su computer classici che elaborano bit, l'informatica quantistica sfrutta i principi della meccanica quantistica per eseguire calcoli di una complessità inarrivabile per qualsiasi computer tradizionale. Un computer quantistico funzionante su larga scala potrebbe rivoluzionare campi come la crittografia, la simulazione molecolare e l'ottimizzazione, accelerando ulteriormente la scoperta scientifica e lo sviluppo di nuove tecnologie, tra cui la stessa IA. Come afferma John Preskill, pioniere dell'informatica quantistica: "L'informatica quantistica è una tecnologia radicalmente nuova che ha il potenziale di cambiare tutto, dal modo in cui scopriamo farmaci a come progettiamo materiali, fino a come comprendiamo l'universo."

Un'altra frontiera è rappresentata dall'interfacciamento cervello-computer (BCI). Aziende come Neuralink, fondata da Elon Musk, stanno sviluppando dispositivi impiantabili nel cervello che promettono di collegare direttamente la nostra mente ai computer. Sebbene l'obiettivo iniziale sia quello di ripristinare le funzioni motorie o sensoriali in persone con disabilità, le implicazioni a lungo termine sono molto più ampie. Un'interfaccia diretta tra cervello e IA potrebbe aumentare esponenzialmente le nostre capacità cognitive, creando dei super-umani, permettendoci di accedere a informazioni e potenza di calcolo in modi che oggi possiamo solo immaginare. Tuttavia, come sottolinea la filosofa e bioeticista Nita Farahany: "Le BCI sollevano questioni fondamentali sulla privacy mentale, l'autonomia e l'identità umana. Dobbiamo procedere con cautela e sviluppare un quadro etico solido prima che queste tecnologie diventino pervasive."

Queste nuove frontiere tecnologiche convergono e si alimentano a vicenda, creando un ecosistema di innovazione che accelera esponenzialmente. L'IA, potenziata dall'informatica quantistica e interfacciata direttamente con il cervello umano, potrebbe portare a una singolarità tecnologica - un punto di svolta oltre il quale il progresso tecnologico diventa talmente rapido e profondo da sfuggire alla nostra comprensione e al nostro controllo. Il matematico e autore Vernor Vinge, che ha reso popolare il concetto di singolarità, la descrive come "un punto in cui i nostri vecchi modelli devono essere scartati e una nuova realtà domina".

Che la singolarità sia un'ipotesi realistica o pura speculazione, una cosa è certa: ci stiamo avvicinando a un punto di inflessione nella storia umana. Le decisioni che prenderemo nei prossimi anni riguardo allo sviluppo e alla governance dell'IA determineranno se questo nuovo potere ci condurrà verso un futuro di prosperità e libertà senza precedenti, o se ci farà precipitare in una nuova era di controllo e disuguaglianza. Come afferma Max Tegmark, fisico e ricercatore di IA: "Tutto ciò che amiamo della civiltà è un prodotto dell'intelligenza. Quindi amplificare la nostra intelligenza umana con l'intelligenza artificiale ha il potenziale di aiutare la civiltà a fiorire come mai prima d'ora, a patto che riusciamo a mantenere la tecnologia benefica."

La posta in gioco non potrebbe essere più alta. Non si tratta solo di progresso tecnologico, ma del futuro stesso dell'umanità. Riuscire a governare l'algoritmo del potere, indirizzandolo verso il bene comune, è la sfida cruciale del nostro tempo. Ignorarla o sottovalutarla potrebbe significare non solo la fine della nostra libertà, ma della nostra stessa storia.

CAPITOLO 2
ROBOTICA: AUTOMAZIONE E LAVORO

Se l'intelligenza artificiale rappresenta il cervello dell'algoritmo del potere, la robotica ne costituisce il braccio, la forza fisica che trasforma il mondo materiale. Per secoli, l'umanità ha sognato di creare macchine in grado di svolgere compiti faticosi, pericolosi o ripetitivi. Oggi, quel sogno è diventato realtà. La robotica, un tempo confinata nelle fabbriche e nei laboratori di ricerca, sta rapidamente pervadendo ogni aspetto della nostra vita, ridefinendo il concetto stesso di lavoro e amplificando il potere produttivo a livelli inimmaginabili.

La storia della robotica è un viaggio affascinante che inizia con gli antichi automi meccanici, meraviglie dell'ingegneria che imitavano i movimenti di uomini e animali. Dalle prime bambole meccaniche del XVIII secolo ai complessi androidi dei romanzi di Isaac Asimov, l'idea di macchine umanoidi ha sempre catturato l'immaginazione umana.

Tuttavia, la robotica moderna ha poco a che fare con l'intrattenimento o la fantascienza. Si tratta di una disciplina ingegneristica complessa che combina meccanica, elettronica, informatica e intelligenza artificiale per creare macchine in grado di interagire con il mondo fisico in modo autonomo o semi-autonomo.

Un punto di svolta cruciale nella storia della robotica è stata l'invenzione del primo robot industriale, Unimate, nel 1961. Questa macchina, installata in uno stabilimento della General Motors, era in grado di svolgere compiti semplici ma pericolosi come la manipolazione di pezzi metallici incandescenti. Unimate non era intelligente, nel senso moderno del termine: eseguiva una sequenza pre-programmata di movimenti. Ma ha dimostrato il potenziale dell'automazione robotica per aumentare la produttività e la sicurezza nell'industria.

Negli anni successivi, i robot industriali si sono diffusi in molti settori, dall'automotive all'elettronica, diventando sempre più sofisticati e precisi. Tuttavia, questi robot tradizionali erano ancora limitati nella loro flessibilità: erano progettati per svolgere compiti specifici in ambienti altamente strutturati e non erano in grado di adattarsi a cambiamenti imprevisti o di interagire con gli esseri umani.

La vera rivoluzione è iniziata con l'integrazione dell'intelligenza artificiale nella robotica. Grazie ai progressi nel campo del machine learning, della visione artificiale e della pianificazione del movimento, i robot stanno diventando sempre più autonomi, capaci di percepire l'ambiente circostante, prendere decisioni e adattarsi a situazioni nuove. Non si tratta più solo di eseguire ciecamente istruzioni, ma di comprendere il contesto, imparare dall'esperienza e collaborare con gli umani.

Nei settori della mobilità, logistica ed emergenze, i robot autonomi stanno rivoluzionando il modo in cui affrontiamo sfide complesse. Dai veicoli autonomi che ridisegnano il trasporto urbano e interurbano, ai droni che monitorano aree difficilmente accessibili, trasportano materiali e ispezionano infrastrutture critiche, queste tecnologie dimostrano una capacità di adattamento che supera le aspettative. I progressi nella robotica stanno trasformando il lavoro umano, spingendo i confini dell'automazione verso contesti imprevedibili, dove la capacità di percepire, decidere e agire diventa cruciale.

Questa nuova generazione di robot, alimentata dall'algoritmo del potere e dalla convergenza di intelligenza artificiale e innovazioni ingegneristiche, sta aprendo possibilità inedite per l'economia e la società. Dalla logistica ai trasporti, dalla sanità alle emergenze, il potenziale è enorme, ma richiede una gestione attenta per affrontare le sfide etiche e sociali che inevitabilmente emergeranno.

IL VEICOLO AUTONOMO: UN'EVOLUZIONE NEL TRASPORTO

Un'importante manifestazione dell'integrazione tra robotica e intelligenza artificiale, che sta trasformando interi settori, è il progresso nel campo dei veicoli autonomi. Questi mezzi, spesso definiti come "robot su ruote", rappresentano un esempio emblematico di come la tecnologia robotica stia entrando nella vita quotidiana, superando le applicazioni tradizionali industriali.

Secondo un'analisi di McKinsey, lo sviluppo di veicoli autonomi combina il potenziale della robotica avanzata con sofisticati algoritmi di intelligenza artificiale, creando una piattaforma altamente integrata per la mobilità. I veicoli autonomi, supportati da sensori avanzati, radar e sistemi di visione artificiale, possono percepire l'ambiente circostante, prendere decisioni in tempo reale e navigare in modo sicuro anche in contesti urbani complessi. Questa tecnologia ha il potenziale di rivoluzionare la logistica, il trasporto pubblico e privato, e persino le consegne dell'ultimo miglio, ridefinendo il concetto stesso di mobilità.

L'architettura di un veicolo autonomo è un esempio straordinario di convergenza tecnologica. Al cuore del sistema troviamo una rete di sensori di diversa natura: telecamere che catturano immagini ad alta risoluzione dell'ambiente circostante, radar che misurano la distanza e la velocità degli oggetti, LiDAR che creano mappe tridimensionali dettagliate dello spazio, e una varietà di altri sensori che monitorano costantemente parametri come le condizioni atmosferiche, lo stato del manto stradale e le prestazioni del veicolo stesso. Tutti questi dati vengono elaborati in tempo reale da potenti computer di bordo che, grazie ad algoritmi di intelligenza artificiale, sono in grado di:

- Riconoscere e classificare oggetti come altri veicoli, pedoni, segnali stradali e ostacoli.
- Prevedere il comportamento degli altri utenti della strada.
- Pianificare percorsi ottimali tenendo conto del traffico e delle condizioni ambientali.
- Prendere decisioni in frazioni di secondo per evitare incidenti.
- Adattare lo stile di guida alle condizioni meteorologiche e del traffico.

L'impatto di questa trasformazione va ben oltre l'aspetto tecnologico. I veicoli autonomi rappresentano un passo verso un mondo più sostenibile, con una gestione ottimizzata dei percorsi che potrebbe ridurre significativamente le emissioni di CO_2. Le stime indicano che una flotta di veicoli autonomi coordinati potrebbe ridurre il consumo di carburante fino al 20% grazie a una guida più efficiente e alla riduzione della congestione stradale.

Inoltre, la diffusione di questa tecnologia promette di democratizzare la mobilità, migliorando l'accessibilità ai trasporti per categorie finora svantaggiate. Le persone con disabilità, gli anziani e chi non può o non vuole guidare potrebbero godere di una nuova indipendenza negli spostamenti. Secondo le proiezioni, i veicoli autonomi potrebbero ridurre gli incidenti stradali del 90%, considerando che circa il 94% degli incidenti è causato da errori umani.

Le implicazioni socioeconomiche sono altrettanto significative. L'industria dei trasporti, che oggi impiega milioni di persone come autisti, potrebbe subire una trasformazione radicale. Tuttavia, nuove opportunità potrebbero emergere nella manutenzione e gestione delle flotte autonome, nella programmazione dei sistemi di controllo, e nella gestione delle infrastrutture smart necessarie per supportare questa rivoluzione della mobilità.

Le città stesse dovranno evolversi per accogliere questa tecnologia. Saranno necessarie infrastrutture intelligenti, sistemi di comunicazione vehicle-to-everything (V2X), e una riprogettazione degli spazi urbani che tenga conto delle nuove modalità di trasporto. Alcune metropoli stanno già sperimentando "zone autonome", aree dedicate ai test di veicoli senza conducente, che fungono da laboratori viventi per questa tecnologia in rapida evoluzione.

Nonostante le sfide tecniche, normative ed etiche ancora da superare, il progresso nel campo dei veicoli autonomi rappresenta uno dei cambiamenti più significativi nella storia della mobilità, paragonabile all'introduzione dell'automobile stessa. Come ogni grande rivoluzione tecnologica, richiederà un periodo di adattamento e una ridefinizione delle norme sociali e delle infrastrutture, ma il potenziale di creare un sistema di trasporto più sicuro, efficiente e accessibile è innegabile.

L'AUTOMAZIONE NELLE AZIENDE

La convergenza tra robotica e intelligenza artificiale sta portando a un'ondata di automazione senza precedenti, che investe tutti i settori produttivi e trasforma radicalmente il mondo del lavoro. Se in passato l'automazione era limitata a compiti ripetitivi e ben definiti all'interno delle fabbriche, oggi i robot sono in grado di svolgere attività sempre più complesse, sia fisiche che cognitive, in una varietà di ambienti, spesso collaborando con gli esseri umani o addirittura sostituendoli in alcune mansioni.

L'impatto maggiore si osserva innanzitutto nel settore manifatturiero, dove i robot industriali sono ormai una presenza consolidata. Aziende come ABB, Fanuc, KUKA e Yaskawa dominano il mercato, fornendo soluzioni robotiche per l'assemblaggio, la saldatura, la verniciatura, la pallettizzazione e molte altre operazioni. Prendiamo, ad esempio, l'industria automobilistica: negli stabilimenti di aziende come Tesla, BMW e Toyota, i robot svolgono la maggior parte delle operazioni di assemblaggio, lavorando con una precisione e una velocità impossibili per gli umani. Grazie all'automazione, queste aziende hanno raggiunto livelli di produttività straordinari, riducendo i costi e migliorando la qualità dei loro prodotti.

Ma l'automazione non si ferma alle fabbriche. Nella logistica, aziende come Amazon e Ocado stanno rivoluzionando la gestione dei magazzini con l'impiego di robot mobili autonomi (AMR) in grado di prelevare, trasportare e smistare merci in modo rapido ed efficiente. Nei centri di distribuzione di Amazon, ad esempio, i robot Kiva si muovono sotto gli scaffali, li sollevano e li trasportano verso le postazioni di prelievo, dove gli operatori umani completano l'ordine. Questo sistema ha permesso ad Amazon di ridurre drasticamente i tempi di evasione degli ordini e di gestire volumi di spedizioni inimmaginabili con i metodi tradizionali.

Anche l'agricoltura sta vivendo una trasformazione radicale grazie alla robotica. Aziende come John Deere e Blue River Technology stanno sviluppando trattori a guida autonoma, robot per la semina e il raccolto di precisione, e sistemi di monitoraggio delle colture basati su droni e sensori. Queste tecnologie permettono di ottimizzare l'uso di risorse come acqua, fertilizzanti e pesticidi, aumentando la resa delle coltivazioni e riducendo l'impatto ambientale. In un mondo alle prese con la crescita demografica e il cambiamento climatico, l'agricoltura di precisione, abilitata dalla robotica, giocherà un ruolo fondamentale per garantire la sicurezza alimentare globale.

Nel settore delle costruzioni, l'automazione sta iniziando a prendere piede con lo sviluppo di robot per la posa di mattoni, la stampa 3D di edifici e l'ispezione di infrastrutture. Aziende come Construction Robotics e Apis Cor stanno sperimentando soluzioni robotiche che promettono di rendere l'edilizia più veloce, economica e sicura. Sebbene l'automazione in questo settore sia ancora agli inizi, il potenziale è enorme, soprattutto in considerazione della carenza di manodopera qualificata che affligge molti paesi.

Anche la sanità sta beneficiando dell'introduzione della robotica. I robot chirurgici come il sistema Da Vinci, prodotto da Intuitive Surgical, permettono ai chirurghi di eseguire interventi complessi con una precisione millimetrica, attraverso piccole incisioni, riducendo i tempi di recupero e il rischio di complicanze per i pazienti. Inoltre, i robot stanno trovando applicazione nella riabilitazione, nell'assistenza agli anziani e nella consegna di farmaci e forniture all'interno degli ospedali.

I vantaggi dell'automazione robotica sono evidenti: maggiore efficienza, produttività elevata, precisione costante, sicurezza migliorata e riduzione dei costi operativi. Ma questi benefici non sono privi di conseguenze. L'automazione, infatti, sta anche trasformando profondamente la natura del lavoro, sollevando interrogativi cruciali sul futuro dell'occupazione e sulle competenze richieste ai lavoratori nell'era della robotica.

L'IMPATTO SULLA FORZA LAVORO

L'automazione guidata dalla robotica e dall'intelligenza artificiale sta avendo un impatto profondo e ambivalente sulla forza lavoro globale. Se da un lato offre opportunità straordinarie per aumentare la produttività, migliorare le condizioni di lavoro e creare nuove professioni, dall'altro solleva preoccupazioni significative riguardo alla possibile sostituzione del lavoro umano, all'ampliamento del divario di competenze e all'aumento delle disuguaglianze socioeconomiche.

Il dibattito sull'impatto occupazionale dell'automazione è acceso e divide gli esperti. Alcuni economisti, come Carl Benedikt Frey e Michael Osborne dell'Università di Oxford, prevedono che una quota significativa di posti di lavoro esistenti, stimata intorno al 47% negli Stati Uniti, sia ad alto rischio di automazione nei prossimi due decenni. Stiamo parlando di quasi una persona su due. A essere maggiormente minacciati sono i lavori a bassa qualifica e ad alta intensità di compiti ripetitivi, come gli addetti alla produzione, i cassieri, gli autisti e gli operatori di telemarketing. Secondo questa visione, l'automazione potrebbe portare a una disoccupazione tecnologica di massa, con conseguenze potenzialmente devastanti per la stabilità sociale e la coesione delle comunità.

Tuttavia, altri studiosi, come David Autor del MIT, adottano una posizione più sfumata. Essi riconoscono che l'automazione eliminerà effettivamente alcuni posti di lavoro, ma sostengono anche che ne creerà di nuovi, in settori e professioni che oggi possiamo solo immaginare. Inoltre, sottolineano come l'automazione possa aumentare la produttività e la ricchezza complessiva, generando una maggiore domanda di beni e servizi e stimolando la crescita economica. Secondo questa prospettiva, il problema principale non è la distruzione netta di posti di lavoro, ma la transizione verso un nuovo modello di lavoro e la necessità di adattare le competenze dei lavoratori alle nuove esigenze del mercato.

Un concetto chiave in questo dibattito è quello di "lavoro aumentato" (augmented work). Piuttosto che sostituire completamente gli umani, la robotica e l'IA possono essere utilizzate per potenziare le capacità dei lavoratori, permettendo loro di svolgere compiti più complessi, creativi e gratificanti. Un chirurgo che utilizza un robot per eseguire interventi di precisione, un operaio che collabora con un "cobot" per assemblare componenti delicati, un agricoltore che utilizza droni e sensori per monitorare le colture: questi sono esempi di come la tecnologia possa aumentare le capacità umane, anziché rimpiazzarle. In questa visione, l'uomo e la macchina non sono in competizione, ma collaborano in una simbiosi produttiva, dove ciascuno apporta i propri punti di forza unici.

Tuttavia, la transizione verso un modello di lavoro "aumentato" richiederà investimenti significativi in formazione e riqualificazione professionale. I lavoratori dovranno acquisire nuove competenze per poter operare in un ambiente di lavoro sempre più tecnologico e interconnesso. Non si tratta solo di competenze tecniche, come la programmazione o la manutenzione di robot, ma anche di competenze trasversali, come il problem solving, il pensiero critico, la creatività e la capacità di lavorare in team. In questo contesto, l'apprendimento permanente (lifelong learning) diventerà cruciale per rimanere competitivi nel mercato del lavoro.

Le implicazioni sociali dell'automazione sono profonde e complesse. Se non gestita adeguatamente, l'automazione potrebbe aggravare le disuguaglianze esistenti, creando una polarizzazione del mercato del lavoro tra pochi lavoratori altamente qualificati, in grado di trarre vantaggio dalle nuove tecnologie, e una massa di lavoratori a bassa qualifica, relegati a lavori precari e sottopagati o addirittura espulsi dal mercato del lavoro. Per mitigare questi rischi, saranno necessarie politiche pubbliche lungimiranti che promuovano l'inclusione e la redistribuzione della ricchezza generata dall'automazione. Si discute, ad esempio, di introdurre forme di reddito di base universale, di tassare i robot o di investire massicciamente nell'istruzione e nella formazione professionale.

In conclusione, l'impatto dell'automazione sulla forza lavoro è una sfida complessa che non ammette soluzioni semplicistiche. Se da un lato è innegabile che alcuni posti di lavoro saranno persi, dall'altro è altrettanto vero che nuove opportunità emergeranno. La chiave per una transizione di successo risiede nella capacità di adattamento, nell'investimento in formazione e nella creazione di un sistema di protezione sociale adeguato alle nuove esigenze del mercato del lavoro. Solo così potremo garantire che il progresso tecnologico si traduca in un progresso sociale per tutti, e non solo per pochi privilegiati.

ROBOTICA COLLABORATIVA (COBOT)

Nel panorama in rapida evoluzione dell'automazione industriale, emerge una nuova generazione di robot progettati non per sostituire gli esseri umani, ma per lavorare al loro fianco: i robot collaborativi, o cobot. Le ho citate precedentemente, queste macchine rappresentano un cambio di paradigma rispetto ai robot industriali tradizionali, offrendo maggiore flessibilità, facilità d'uso e, soprattutto, la capacità di operare in sicurezza a stretto contatto con gli operatori umani.

Ma cosa distingue un cobot da un robot industriale convenzionale? La differenza fondamentale risiede nella progettazione intrinsecamente sicura dei cobot. Mentre i robot tradizionali sono tipicamente macchine potenti e veloci, separate dagli umani per mezzo di gabbie o barriere di sicurezza, i cobot sono dotati di sensori avanzati, sistemi di visione e software intelligente che consentono loro di rilevare la presenza umana e di reagire di conseguenza. Ad esempio, se un cobot urta accidentalmente un operatore, i suoi sensori di forza e coppia arrestano immediatamente il movimento del braccio robotico, prevenendo infortuni. Questa capacità di interazione fisica sicura è ciò che rende i cobot adatti a lavorare fianco a fianco con gli umani, condividendo lo stesso spazio di lavoro senza necessità di separazioni fisiche.

Oltre alla sicurezza, i cobot si distinguono per la loro flessibilità e facilità di programmazione. A differenza dei robot industriali tradizionali, che richiedono competenze specialistiche per la programmazione e la riconfigurazione, i cobot possono essere programmati in modo intuitivo, spesso attraverso un'interfaccia grafica user-friendly o addirittura guidando manualmente il braccio robotico lungo il percorso desiderato. Questa semplicità di utilizzo consente alle aziende di adattare rapidamente i cobot a nuovi compiti e processi, senza dover ricorrere a costosi interventi di riprogrammazione da parte di esperti. Ciò rende i cobot particolarmente adatti alle piccole e medie imprese (PMI) che operano in settori ad alta variabilità produttiva e che necessitano di soluzioni di automazione flessibili e facilmente riconfigurabili.

I vantaggi dei cobot sono molteplici:

- Maggiore sicurezza: Grazie ai sensori e al software di controllo avanzato, i cobot possono lavorare a stretto contatto con gli umani senza il rischio di incidenti.
- Flessibilità: I cobot possono essere facilmente riprogrammati e adattati a nuovi compiti, rendendoli ideali per ambienti di produzione dinamici.
- Facilità d'uso: Le interfacce intuitive e i metodi di programmazione semplificati rendono i cobot accessibili anche a operatori senza competenze specialistiche di robotica.

- Collaborazione uomo-macchina: I cobot sono progettati per lavorare in sinergia con gli umani, combinando la forza, la precisione e la ripetibilità dei robot con l'intelligenza, la destrezza e la capacità di problem solving degli operatori.
- Produttività incrementata: I cobot possono svolgere compiti ripetitivi e faticosi in modo più rapido ed efficiente rispetto agli umani, liberando gli operatori per attività a maggior valore aggiunto.

Questi vantaggi stanno spingendo l'adozione dei cobot in una vasta gamma di settori. Nell'industria manifatturiera, i cobot vengono utilizzati per l'assemblaggio di componenti elettronici, l'asservimento di macchine utensili, la pallettizzazione, l'imballaggio e il controllo qualità. Ad esempio, aziende come Universal Robots, ABB e Fanuc offrono bracci robotici collaborativi in grado di svolgere una varietà di compiti di manipolazione e assemblaggio, collaborando con gli operatori umani nelle linee di produzione.

Nella logistica, i cobot stanno trovando applicazione nella movimentazione di materiali, nel picking e nel packing all'interno dei magazzini. Aziende come Locus Robotics e Fetch Robotics offrono soluzioni di robotica mobile collaborativa che possono navigare in modo autonomo all'interno dei magazzini, trasportando merci e collaborando con gli addetti al prelievo e all'imballaggio.

Anche in settori come la sanità e l'agricoltura, i cobot stanno iniziando a dimostrare il loro potenziale. In ambito sanitario, i cobot possono assistere i chirurghi durante gli interventi, supportare il personale infermieristico nella cura dei pazienti e automatizzare compiti di laboratorio. In agricoltura, i cobot possono essere utilizzati per la raccolta di frutta e verdura, la potatura, l'irrorazione e altre attività che richiedono precisione e delicatezza.

Il ruolo dei cobot nel futuro del lavoro appare sempre più

centrale. Queste macchine non sono semplici strumenti, ma veri e propri collaboratori in grado di apprendere, adattarsi e lavorare in sinergia con gli umani. La diffusione dei cobot prefigura un futuro in cui la collaborazione uomo-macchina sarà la norma, non l'eccezione, in molti ambiti lavorativi. Questo scenario offre opportunità straordinarie per migliorare la produttività, la qualità del lavoro e la competitività delle imprese, ma richiede anche un ripensamento dei modelli organizzativi, delle competenze richieste ai lavoratori e delle politiche di formazione e sviluppo del capitale umano.

LA ROBOTICA MILITARE: UNA NUOVA ERA DI CONFLITTI

L'applicazione della robotica e dell'intelligenza artificiale alla guerra sta aprendo scenari inediti, con conseguenze potenzialmente dirompenti per gli equilibri geopolitici e per la natura stessa dei conflitti. L'idea di "soldati robot" e di armi autonome non è più relegata alla fantascienza, ma è al centro di programmi di ricerca e sviluppo in molti paesi.

Una delle applicazioni più evidenti è quella dei droni armati, velivoli senza pilota guidati a distanza che possono essere utilizzati per missioni di ricognizione e attacco. L'uso di droni come i Predator e i Reaper statunitensi in teatri di guerra come l'Afghanistan e l'Iraq ha dimostrato l'efficacia di queste armi nel colpire obiettivi con precisione, riducendo il rischio per le proprie truppe. Tuttavia, l'impiego dei droni ha anche sollevato critiche e preoccupazioni etiche, in particolare riguardo alla possibilità di errori di identificazione, ai danni collaterali e all'abbassamento della soglia psicologica per l'uso della forza.

Ma i droni rappresentano solo la punta dell'iceberg. La ricerca sta facendo passi da gigante nello sviluppo di sistemi d'arma autonomi letali (LAWS - Lethal Autonomous Weapon Systems), ovvero robot in grado di selezionare e ingaggiare bersagli senza intervento umano. Questi sistemi, spesso definiti "killer robots", potrebbero assumere forme diverse: da robot umanoidi a sciami di droni, da carri armati a sottomarini senza pilota.

I sostenitori delle LAWS sostengono che queste armi potrebbero rendere la guerra "più umana", riducendo il numero di vittime civili grazie a una maggiore precisione e alla capacità di discriminare meglio tra combattenti e non combattenti. Inoltre, l'impiego di robot al posto di soldati umani eliminerebbe il rischio di perdite tra le proprie fila, un fattore politicamente sensibile in molti paesi. Si potrebbe persino immaginare un futuro in cui le guerre siano combattute esclusivamente da macchine, controllate a distanza da operatori umani o addirittura da altre IA, limitando così il coinvolgimento diretto di esseri umani nei conflitti.

Tuttavia, i critici, tra cui numerosi esperti di etica, giuristi e organizzazioni per i diritti umani, esprimono forti preoccupazioni. Essi sostengono che affidare la decisione di vita o di morte a una macchina sia intrinsecamente immorale, in quanto delegittima il ruolo e la responsabilità umana nei conflitti armati. Inoltre, vi è il timore che le LAWS possano sfuggire al controllo umano, a causa di errori di programmazione, malfunzionamenti o attacchi hacker, con conseguenze imprevedibili e potenzialmente catastrofiche.

Un altro aspetto critico riguarda la proliferazione di queste tecnologie. Se da un lato, al momento attuale, solo pochi paesi tecnologicamente avanzati dispongono delle risorse per sviluppare LAWS, dall'altro è probabile che, nel tempo, queste tecnologie diventino più accessibili e alla portata di un numero crescente di attori, inclusi gruppi terroristici o stati con scarse garanzie democratiche. Questo scenario potrebbe portare a una destabilizzazione degli equilibri di potere globali e a un aumento del rischio di conflitti armati. Gli stati che per primi riusciranno a sviluppare e schierare armi autonome efficaci godranno di un vantaggio strategico senza precedenti, potenzialmente in grado di alterare gli equilibri di forza a livello globale.

L'ascesa della robotica militare e delle armi autonome pone dunque sfide cruciali non solo dal punto di vista tecnologico, ma anche e soprattutto etico, giuridico e politico. La comunità internazionale è chiamata a un dibattito urgente e approfondito su come regolamentare queste tecnologie, prima che la loro diffusione diventi irreversibile. Organizzazioni come la Campagna per Fermare i Killer Robots (Campaign to Stop Killer Robots) stanno facendo pressione per un trattato internazionale che vieti lo sviluppo e l'uso di armi autonome, ma la strada verso un accordo globale appare ancora lunga e irta di ostacoli.

In gioco non c'è solo il futuro della guerra, ma anche la nostra sicurezza e la nostra stessa umanità. La capacità di creare macchine da guerra sempre più autonome ed efficienti ci pone di fronte a un bivio: possiamo usare questo potere per costruire un mondo più sicuro e pacifico, o rischiamo di precipitare in un futuro distopico in cui le macchine decidono della vita e della morte di milioni di persone? La risposta dipenderà dalle scelte che faremo nei prossimi anni.

VERSO UNA NUOVA CONTRATTUALITÀ SOCIALE

L'ascesa inarrestabile della robotica e dell'automazione, se da un lato promette di liberare l'umanità da compiti gravosi e di innalzare il livello di benessere collettivo, dall'altro ci pone di fronte a sfide sociali ed economiche di portata epocale. Come abbiamo visto, l'impatto sul mercato del lavoro sarà profondo e richiederà un ripensamento radicale delle competenze e delle politiche di welfare. Ma la questione non si limita a questo. L'automazione pervasiva, l'avvento dei cobot e la diffusione della robotica militare sollevano interrogativi che vanno oltre l'organizzazione del lavoro e toccano i fondamenti stessi del contratto sociale che regola la nostra convivenza.

Se in passato il patto implicito tra cittadini, imprese e governi si basava sulla centralità del lavoro umano come fonte di reddito, identità e inclusione sociale, l'era della robotica impone di rinegoziare questo patto. Una società in cui una quota crescente della produzione di beni e servizi, e della capacità di difesa, è affidata alle macchine, richiede un nuovo modello di distribuzione della ricchezza, di partecipazione politica e di definizione del ruolo dell'individuo.

La sfida, dunque, non è solo tecnologica o economica, ma anche e soprattutto politica e culturale. Come possiamo garantire che il progresso tecnologico non si traduca in un aumento delle disuguaglianze e in una concentrazione di potere nelle mani di chi controlla l'algoritmo? Come possiamo costruire una società inclusiva e coesa in un mondo in cui il lavoro umano potrebbe non essere più il principale fattore di integrazione sociale?

Per affrontare queste sfide, sarà necessaria una nuova "contrattualità sociale" per l'era della robotica. Questo significa ripensare radicalmente il rapporto tra cittadini, imprese e stato, ridefinendo diritti e doveri in un contesto profondamente mutato. Si tratta di un percorso complesso che richiederà sperimentazione, dialogo e un approccio multidisciplinare.

Tra le questioni aperte che dovremo affrontare:

- La proprietà e il controllo dei robot e degli algoritmi: chi detiene il potere decisionale sulle tecnologie che impattano sempre più sulla vita di tutti?
- La redistribuzione dei benefici dell'automazione: come garantire che la ricchezza generata dai robot sia equamente distribuita, ad esempio attraverso

forme di reddito di cittadinanza o di proprietà diffusa dei mezzi di produzione automatizzati?

- La fiscalità nell'era dell'automazione: come finanziare i sistemi di welfare in un mondo in cui il lavoro umano contribuisce in misura minore al gettito fiscale?
- La formazione e l'apprendimento permanente: come garantire a tutti i cittadini le competenze per partecipare attivamente a una società tecnologicamente avanzata?
- La regolamentazione etica della robotica e dell'IA: come prevenire usi distorti o pericolosi di queste tecnologie, specialmente in ambito militare?
- Il ruolo del lavoro umano: come ridefinire il concetto di lavoro e il suo valore in una società in cui molte attività tradizionali sono automatizzate?

Trovare risposte efficaci a queste domande richiederà un'ampia mobilitazione di intelligenze, un confronto aperto tra tutti gli attori sociali e una forte volontà politica. Non si tratta di ostacolare il progresso tecnologico, ma di governarlo e contenerlo in modo da massimizzarne i benefici e minimizzarne i rischi, costruendo una società più giusta, inclusiva e sostenibile. Il futuro dell'era della robotica dipenderà dalla nostra capacità di immaginare e costruire, insieme, questo nuovo patto sociale. La posta in gioco è il destino stesso della nostra società e della nostra umanità.

CAPITOLO 3
BLOCKCHAIN E BIG DATA: TRASPARENZA E POTERE

Nel cuore dell'algoritmo del potere si sta consumando anche una battaglia silenziosa tra due forze opposte: da un lato i big data, che concentrano un potere immenso nelle mani di pochi giganti tecnologici e governi, dall'altro la blockchain, che promette di redistribuire questo potere attraverso sistemi decentralizzati. Questa tensione sta ridefinendo non solo come gestiamo le informazioni, ma chi controlla il futuro digitale dell'umanità.

La rivoluzione dei big data ha creato quello che Yuval Noah Harari chiama "datismo": una nuova forma di potere basata sul controllo dei flussi di informazioni. Ogni nostra azione digitale - dai like sui social media alle ricerche su Google, dagli acquisti online alla nostra posizione geografica - alimenta enormi database che rappresentano la più grande concentrazione di potere conoscitivo nella storia dell'umanità.

Jack Ma, fondatore di Alibaba, ha dichiarato: "I dati sono il nuovo petrolio, ma con una differenza fondamentale: il petrolio è una risorsa limitata, i dati sono infinitamente rinnovabili." Questa analogia sottolinea non solo il valore dei dati, ma anche il loro ruolo come fonte primaria di potere nell'era digitale.

IL POTERE DEI BIG DATA: OPPORTUNITÀ E RISCHI

Immaginate una biblioteca che non contiene solo tutti i libri mai scritti, ma anche tutte le conversazioni mai avvenute, tutte le immagini mai scattate, tutti i luoghi mai visitati, tutti i prodotti mai acquistati. Immaginate che questa biblioteca sia in costante espansione, alimentata da ogni click, ogni like, ogni transazione digitale che compiamo. E immaginate che qualcuno abbia le chiavi di questa biblioteca e sia in grado di leggerne il contenuto, analizzarlo e utilizzarlo per comprendere i nostri comportamenti, prevedere le nostre azioni e, in ultima analisi, influenzare le nostre scelte. Questa, in estrema sintesi, è la realtà dei big data, una realtà in cui una quantità di informazioni senza precedenti viene raccolta, elaborata e utilizzata per alimentare l'algoritmo del potere.

In questa nuova economia del potere digitale, i big data non sono solo informazioni: sono uno strumento di controllo sociale e economico senza precedenti. Ogni giorno, vengono generati più di 2,5 quintilioni di byte di dati, una quantità di informazioni che supera tutto ciò che l'umanità ha prodotto nella sua storia fino ad oggi. Questo diluvio di dati viene raccolto, analizzato e monetizzato da quello che possiamo chiamare il "cartello dell'algoritmo": un gruppo ristretto di aziende tecnologiche e governi che controllano le infrastrutture di raccolta e analisi dei dati.

È importante sottolineare che i big data offrono anche opportunità straordinarie in diversi campi. Oltre agli utilizzi commerciali, i big data stanno rivoluzionando la ricerca medica, permettendo di analizzare enormi quantità di dati genomici e clinici per accelerare la scoperta di nuovi farmaci e terapie personalizzate. Ad esempio, il progetto "100,000 Genomes Project" del Regno Unito sta utilizzando i big data per studiare le basi genetiche di malattie rare e tumori, con l'obiettivo di sviluppare trattamenti più efficaci. Anche nel monitoraggio ambientale i big data giocano un ruolo cruciale, consentendo di analizzare dati satellitari, dati provenienti da sensori e altre fonti per prevedere disastri naturali, monitorare il cambiamento climatico e ottimizzare la gestione delle risorse. Inoltre, in molte città i big data vengono utilizzati per migliorare i servizi pubblici, ottimizzando il traffico, i trasporti pubblici e la gestione dei rifiuti, contribuendo a creare smart cities più efficienti e sostenibili.

L'enormità del potere si manifesta in modi concreti e pervasivi. Meta (ex Facebook) conosce non solo le nostre preferenze e abitudini, ma può prevedere i nostri stati emotivi e le nostre decisioni future. Google sa dove siamo stati, cosa cerchiamo, quali sono le nostre preoccupazioni più private espresse nelle ricerche notturne. Amazon non solo traccia cosa compriamo, ma cosa desideriamo comprare, quanto tempo passiamo a guardare ogni prodotto, quali recensioni leggiamo. Questi dati, apparentemente innocui se presi singolarmente, creano insieme un potere predittivo e manipolativo senza precedenti.

Come osserva Shoshana Zuboff nel suo "Il capitalismo della sorveglianza": "Non è più sufficiente automatizzare i flussi di informazioni sugli altri; l'obiettivo ora è automatizzare gli altri." Questa automazione si manifesta attraverso sistemi sempre più sofisticati di previsione e manipolazione comportamentale. L'algoritmo del potere, alimentato dai big data, può prevedere le nostre scelte prima ancora che le facciamo, influenzando decisioni che vanno dagli acquisti quotidiani alle preferenze politiche.

Nel settore finanziario, i big data hanno creato quello che alcuni chiamano "capitalismo algoritmico". Fondi di investimento come Renaissance Technologies utilizzano enormi quantità di dati per prendere decisioni di trading in millisecondi, creando un vantaggio competitivo impossibile da replicare per gli investitori tradizionali. Questo potere algoritmico non solo genera profitti straordinari, ma può influenzare l'intera economia globale attraverso movimenti di mercato automatizzati.

Il potere dei big data si estende anche alla sfera politica e sociale. Cambridge Analytica ha dimostrato come i dati raccolti dai social media possano essere utilizzati per manipolare elezioni e processi democratici. Attraverso l'analisi di milioni di profili Facebook, l'azienda è riuscita a creare profili psicografici dettagliati degli elettori, permettendo di targetizzare messaggi politici personalizzati con una precisione inquietante. Questo caso ha rivelato come il potere dei big data possa minare le fondamenta stesse della democrazia.

In Cina, il sistema di credito sociale rappresenta forse l'esempio più evidente di come i big data possano essere utilizzati come strumento di controllo sociale. Attraverso la raccolta massiva di dati su comportamenti online e offline, il governo cinese assegna punteggi ai cittadini che determinano il loro accesso a servizi e opportunità. Per esempio, se un cittadino viene ripreso mentre attraversa con il semaforo rosso, non solo riceve una multa immediata attraverso il riconoscimento facciale, ma il suo punteggio sociale viene automaticamente ridotto. Questa riduzione può innescare una cascata di restrizioni automatiche: impossibilità di acquistare biglietti aerei o ferroviari ad alta velocità, limitazioni nell'accesso al credito, esclusione da certi lavori pubblici, e persino restrizioni nell'iscrizione dei figli alle scuole migliori. Il potere dell'algoritmo si estende anche alle relazioni sociali: frequentare persone con un basso punteggio sociale può portare a una riduzione del proprio punteggio, creando un meccanismo di isolamento sociale automatizzato. Come ha osservato il ricercatore Kai-Fu Lee: "Il sistema di credito sociale cinese è il primo esempio di un governo che utilizza l'algoritmo del potere per creare un sistema di controllo comportamentale su scala nazionale." Questo sistema rappresenta una nuova forma di potere algoritmico che fonde sorveglianza e controllo sociale in modi prima inimmaginabili.

Il potere dei big data si manifesta anche nella capacità di influenzare le decisioni quotidiane attraverso quello che Cass Sunstein chiama "architettura della scelta". Netflix sa quali serie ti terranno sveglio fino a tardi, Spotify può modulare il tuo umore attraverso playlist personalizzate, e le app di dating come Tinder possono influenzare chi incontri e, potenzialmente, con chi formi una famiglia. Questo livello di influenza rappresenta un potere sociale senza precedenti nella storia umana.

Questa capacità predittiva dei big data sta trasformando anche il concetto di giustizia e sicurezza pubblica. Ciò che un tempo era considerato fantascienza - come in "Minority Report" di Spielberg, dove la polizia arrestava i criminali prima che commettessero i reati - sta diventando realtà attraverso l'analisi predittiva. Palantir Technologies, l'azienda fondata da Peter Thiel, rappresenta forse l'esempio più avanzato di questo nuovo potere predittivo. Con un valore di mercato di miliardi di dollari e contratti con agenzie governative in tutto il mondo, Palantir ha creato quello che molti chiamano "l'algoritmo del potere definitivo": un sistema che integra e analizza dati da innumerevoli fonti - record criminali, transazioni finanziarie, social media, sorveglianza - per prevedere potenziali minacce alla sicurezza nazionale e attività criminali.

Il nome stesso dell'azienda, ispirato alle sfere magiche del "Signore degli Anelli" che permettevano di vedere eventi distanti nel tempo e nello spazio, rivela l'ambizione del progetto: creare un sistema onnisciente di sorveglianza e previsione. Come ha dichiarato lo stesso Thiel: "Le società più potenti del futuro saranno quelle che sapranno utilizzare i big data non solo per capire il passato, ma per prevedere e plasmare il futuro." Attraverso i suoi software, Palantir ha aiutato a tracciare terroristi, scoprire frodi finanziarie e persino prevedere rivolte sociali. Ma questo potere predittivo solleva domande inquietanti: chi controlla i controllori? Come possiamo garantire che questo immenso potere algoritmico non venga abusato?

LA BLOCKCHAIN: POTERE DECENTRALIZZATO

Nel XIII secolo, nella Repubblica di Venezia, nacque uno strumento finanziario destinato a rivoluzionare il commercio mondiale: la "commenda". Questo contratto permetteva a investitori che non potevano o non volevano viaggiare di affidare il proprio denaro a mercanti itineranti, i quali lo utilizzavano per finanziare spedizioni commerciali in terre lontane, condividendo poi i profitti. La commenda si basava su un principio fondamentale: la fiducia. Gli investitori dovevano fidarsi dei mercanti, i quali a loro volta dovevano fidarsi dei propri corrispondenti all'estero. Per ridurre il rischio di frodi e controversie, ogni transazione veniva meticolosamente registrata su libri contabili, creando un sistema di tracciabilità rudimentale ma efficace.

Sette secoli dopo, nell'era digitale, la questione della fiducia è diventata ancora più cruciale. Le transazioni economiche, le comunicazioni, lo scambio di informazioni: tutto avviene online, in un mondo sempre più interconnesso ma anche sempre più vulnerabile a manipolazioni, frodi e abusi di potere. E se vi dicessi che la soluzione a questa sfida epocale potrebbe risiedere in un'evoluzione digitale di quei libri contabili veneziani, una tecnologia chiamata blockchain, in grado di creare un sistema di fiducia distribuita e trasparente per l'era di internet?

Ma cos'è esattamente la blockchain? Immaginiamola come un grande quaderno condiviso tra un gruppo di persone, dove tutti possono scrivere ciò che accade, ma nessuno può cancellare o modificare ciò che è già stato scritto. Questo quaderno non è conservato in un unico posto, ma ogni persona del gruppo possiede una copia identica. Quando qualcuno vuole aggiungere una nuova informazione, come una transazione, l'intero gruppo deve controllare che sia valida e concordare sul fatto che possa essere aggiunta al quaderno.

Un'altra caratteristica unica di questo quaderno digitale è che ogni nuova pagina (o blocco) è collegata alla precedente in modo da formare una catena ininterrotta. Se qualcuno provasse a cambiare qualcosa su una pagina già scritta, le copie del quaderno nelle mani degli altri membri del gruppo non corrisponderebbero più e il tentativo verrebbe bloccato. Questo collegamento tra le pagine è reso sicuro dalla critto-grafia, che protegge i dati e impedisce modifiche non autoriz-zate. È come un sistema operativo per la fiducia, dove il potere di autenticare e validare non appartiene a nessuno e appartiene a tutti. Vitalik Buterin, il creatore di Ethereum, lo descrive come "un computer mondiale che nessuno possiede ma tutti possono programmare."

Nel panorama dominato dal potere centralizzato dei big data, la blockchain emerge come una forza antagonista. Mentre i giganti tecnologici e i governi concentrano il potere dei dati, la blockchain promette di redistribuirlo attraverso una rete decentralizzata dove nessuna entità singola può controllare o manipolare le informazioni.

Satoshi Nakamoto, l'enigmatico creatore di Bitcoin, ha introdotto la blockchain nel 2008, in piena crisi finanziaria globale, come risposta al potere centralizzato delle banche e delle istituzioni finanziarie. "Il problema fondamentale della valuta convenzionale è tutta la fiducia necessaria per farla funzionare", scrisse Nakamoto. La blockchain sostituisce questa fiducia istituzionale con la fiducia matematica, creando un sistema dove il potere è distribuito tra tutti i partecipanti.

La potenza di questa tecnologia va ben oltre le valute digi-tali. Smart contract, contratti digitali autoeseguibili, stanno ridefinendo il concetto stesso di accordi commerciali e legali. Nel settore immobiliare, per esempio, stati come Vermont,

Arizona e Florida hanno legalizzato l'uso della blockchain per registrare e trasferire la proprietà degli immobili. A Propy, una startup immobiliare, ha completato nel 2021 la prima vendita di una casa attraverso NFT (token non fungibili) sulla blockchain per 650.000 dollari in Florida, eliminando la necessità di notai e intermediari tradizionali. L'intero processo, dalla verifica della proprietà al trasferimento dei fondi, è stato gestito attraverso smart contract sulla blockchain, riducendo tempi e costi e rendendo ogni passaggio completamente trasparente e verificabile. A South Burlington, nel Vermont, il registro catastale è stato completamente digitalizzato sulla blockchain, rendendo impossibile la falsificazione dei titoli di proprietà e riducendo drasticamente i tempi di verifica delle proprietà immobiliari. Questo sistema non solo democratizza l'accesso alle transazioni immobiliari, ma sottrae potere a intermediari tradizionali che hanno storicamente controllato questo mercato.

Organizzazioni Autonome Decentralizzate (DAO) stanno creando nuove forme di governance aziendale dove le decisioni vengono prese attraverso il consenso distribuito anziché attraverso gerarchie tradizionali. Per esempio, MakerDAO, una delle più grandi DAO al mondo, gestisce un sistema finanziario decentralizzato con oltre 8 miliardi di dollari in asset, senza una sede centrale o un CEO. Questo sistema funziona come una "banca decentralizzata" gestita interamente da regole codificate nella blockchain. Immaginate un sistema bancario dove non ci sono impiegati, filiali o dirigenti, ma solo un insieme di regole matematiche che tutti possono vedere e verificare. Gli 8 miliardi di dollari che gestisce sono controllati da queste regole e dalle decisioni collettive dei possessori dei token di governance (chiamati MKR). Quando qualcuno vuole un prestito, non deve presentare documenti a un bancario: deposita delle criptovalute come garanzia e automaticamente riceve in cambio DAI, una criptovaluta stabile ancorata al dollaro. Se non ripaga il prestito, il sistema automaticamente vende la garanzia. Tutte le decisioni importanti - come i tassi di interesse o le regole dei prestiti - vengono prese attraverso votazioni dei possessori di token MKR. È come se i correntisti di una banca potessero votare direttamente sulla sua gestione, senza bisogno di un consiglio di amministrazione. Questo sistema ha gestito miliardi di dollari in prestiti dal 2017, sopravvivendo a crash di mercato e dimostrando che è possibile creare sistemi finanziari senza concentrare il potere nelle mani di pochi banchieri.

La blockchain sta anche emergendo come strumento di resistenza al potere centralizzato. In paesi dove i governi controllano l'informazione e censurano internet, reti blockchain permettono la creazione di sistemi di comunicazione resistenti alla censura. Durante le proteste di Hong Kong, manifestanti hanno utilizzato blockchain per preservare notizie e documenti che il governo cercava di cancellare. In Venezuela, dove l'iperinflazione ha distrutto l'economia tradizionale, Bitcoin è diventato un rifugio di valore e un mezzo di scambio alternativo.

INTERAZIONE E COESISTENZA TRA BIG DATA E BLOCKCHAIN

Mentre le applicazioni dei big data si concentrano sulla raccolta e l'analisi di grandi quantità di informazioni per estrarre valore e conoscenza, la blockchain si focalizza sulla sicurezza, l'immutabilità e la trasparenza delle transazioni e dei dati. A prima vista, queste due tecnologie sembrano operare in sfere separate, ma in realtà, stanno emergendo scenari in cui big data e blockchain possono interagire e rafforzarsi a vicenda.

Un esempio promettente è la creazione di mercati dei dati decentralizzati e trasparenti. Progetti come Ocean Protocol stanno utilizzando la blockchain per costruire piattaforme dove gli individui e le aziende possono condividere e monetizzare i propri dati in modo sicuro e controllato. In questo modello, la blockchain funge da garante dell'autenticità e della provenienza dei dati, mentre i big data forniscono la materia prima per le analisi. Questo approccio potrebbe restituire agli individui il controllo sui propri dati, permettendo loro di trarre un beneficio economico dalla loro condivisione e, al contempo, di alimentare un ecosistema di dati più ricco e diversificato.

Un altro esempio interessante è rappresentato da Filecoin, una rete di archiviazione decentralizzata che utilizza la blockchain per creare un mercato per lo spazio di archiviazione inutilizzato. Filecoin si propone come alternativa ai servizi di cloud storage centralizzati offerti dai giganti tecnologici, offrendo un sistema più resiliente, sicuro e potenzialmente più economico. Questo progetto dimostra come la blockchain possa essere utilizzata per creare infrastrutture digitali decentralizzate in grado di competere con quelle offerte dai grandi player dei big data.

Inoltre, la blockchain può essere utilizzata per migliorare la sicurezza e la trasparenza dei sistemi di analisi dei big data. Ad esempio, si possono registrare sulla blockchain i metadati relativi ai processi di raccolta e analisi dei dati, creando un audit trail immutabile che permette di verificare la provenienza dei dati e le trasformazioni che hanno subito. Questo può contribuire a mitigare i rischi di manipolazione e di discriminazione algoritmica, aumentando la fiducia nei risultati delle analisi.

Questi esempi dimostrano che big data e blockchain non sono necessariamente tecnologie antagoniste, ma possono coesistere e integrarsi in modi che ne potenzino reciprocamente i benefici. La blockchain può fornire l'infrastruttura di fiducia e trasparenza necessaria per gestire in modo etico e responsabile i big data, mentre i big data possono alimentare applicazioni blockchain complesse e ad alto valore aggiunto.

IL CONFLITTO TRA CENTRALIZZAZIONE E DECENTRALIZZAZIONE

La blockchain non sta solo creando nuovi sistemi di potere, sta attivamente sfidando quelli esistenti. Mentre i giganti tecnologici e i governi cercano di mantenere il controllo centralizzato dei dati, le reti blockchain stanno creando "zone di autonomia digitale" dove il potere viene redistribuito tra gli utenti.

Questa tensione è particolarmente evidente nel settore finanziario. Le banche centrali, vedendo minacciato il loro monopolio sulla creazione di moneta, stanno sviluppando le proprie valute digitali (CBDC). La Cina, per esempio, ha lanciato lo yuan digitale proprio per contrastare la crescente popolarità delle criptovalute decentralizzate. È una battaglia tra due visioni opposte del potere monetario: uno centralizzato e controllato dallo stato, l'altro distribuito e gestito dalla comunità.

La resistenza dei sistemi tradizionali alla decentralizzazione rivela quanto sia profondo l'impatto della blockchain sulle strutture di potere esistenti. Gli Stati Uniti hanno bloccato Libra, il progetto di criptovaluta di Facebook, temendo che potesse minare il dominio del dollaro. La SEC sta aumentando la regolamentazione delle criptovalute, mentre paesi come la Cina le hanno completamente bandite.

Tuttavia, la blockchain affronta anche sfide significative nel suo ruolo di contropotere. Il consumo energetico delle reti blockchain più grandi è enorme, sollevando questioni di sostenibilità. La scalabilità rimane un problema tecnico cruciale, e la complessità della tecnologia può creare nuove forme di disuguaglianza tra chi la comprende e chi no.

I prossimi dieci anni saranno cruciali per determinare come l'algoritmo del potere si manifesterà nelle nostre società. Mentre blockchain e big data maturano, la partita per il controllo dell'infrastruttura digitale sta entrando in una fase decisiva. Da un lato, i giganti tecnologici e i governi autoritari stanno perfezionando i loro strumenti di sorveglianza e controllo, basati sull'analisi centralizzata dei big data. Dall'altro, movimenti decentralizzati, alimentati dalla blockchain e da tecnologie affini, stanno creando alternative che promettono di democratizzare il potere digitale, restituendo agli individui il controllo sui propri dati e sulla propria identità online.

Il World Economic Forum prevede che entro il 2027, il 10% del PIL globale sarà memorizzato su blockchain, mentre l'industria dei big data dovrebbe superare i 400 miliardi di dollari entro il 2025. Questi numeri suggeriscono che nessuna delle due tecnologie scomparirà: dovranno coesistere, competere e, in alcuni casi, collaborare. La vera sfida sarà quella di governare questa coesistenza in modo da massimizzare i benefici di entrambe le tecnologie, mitigando al contempo i rischi per la privacy, la sicurezza e le libertà individuali.

Lawrence Lessig ha scritto che "il codice è legge" - ma chi scriverà questo codice? Le decisioni prese oggi da sviluppatori, regolatori e imprenditori stanno plasmando l'architettura del potere che governerà il nostro futuro digitale. Gli algoritmi che controlleranno l'accesso alle informazioni, gestiranno le transazioni finanziarie e monitoreranno il comportamento sociale stanno già venendo scritti. La posta in gioco è la definizione stessa di democrazia, libertà e giustizia nell'era digitale.

La Cina offre un'anteprima di un possibile futuro: un sistema dove big data e blockchain vengono utilizzati per creare un controllo sociale totale. Il loro sistema di credito sociale, combinato con lo yuan digitale, rappresenta la fusione perfetta di sorveglianza centralizzata e tracciabilità blockchain. È un monito di come queste tecnologie possano essere utilizzate per rafforzare, anziché sfidare, il potere autoritario.

D'altra parte, progetti come Signal e Tor dimostrano la possibilità di un futuro diverso, dove la tecnologia protegge la privacy e potenzia l'autonomia individuale. Le DAO (Organizzazioni Autonome Decentralizzate) stanno sperimentando nuove forme di governance democratica, mentre le cryptovalute offrono alternative al controllo statale della moneta. Questi esempi rappresentano tentativi concreti di utilizzare la tecnologia per costruire un potere digitale "dal basso", basato sulla partecipazione, la trasparenza e la redistribuzione del controllo.

UN FUTURO DA COSTRUIRE

Il XVII secolo fu un'epoca di scoperte straordinarie, in cui la combinazione di nuovi strumenti e di un nuovo metodo di indagine permise di svelare i segreti del cosmo e della natura come mai prima di allora.

Prendiamo, ad esempio, l'invenzione del telescopio. Prima di allora, la nostra visione dell'universo era limitata a ciò che si poteva vedere a occhio nudo. Il telescopio, perfezionato da Galileo Galilei, aprì una finestra sull'infinitamente grande, rivelando l'esistenza di stelle, pianeti e fenomeni celesti che sfuggivano completamente alla nostra percezione diretta. Improvvisamente, l'universo non era più quello che si credeva: era più vasto, più complesso, più misterioso.

Nello stesso periodo, l'invenzione del microscopio dischiuse le porte dell'infinitamente piccolo. Autori come Robert Hooke e Antoni van Leeuwenhoek, utilizzando lenti sempre più potenti, poterono osservare per la prima volta un mondo invisibile a occhio nudo, popolato da cellule, batteri e altre microscopiche forme di vita. Questa scoperta rivoluzionò la biologia e la medicina, gettando le basi per la comprensione dei meccanismi fondamentali della vita e delle malattie.

Ma la vera forza dirompente di quel periodo storico non risiedeva solo nei nuovi strumenti, ma anche e soprattutto nell'affermazione del metodo scientifico, un metodo basato sull'osservazione rigorosa, sulla formulazione di ipotesi, sulla sperimentazione controllata e sulla condivisione dei risultati. Questo nuovo approccio alla conoscenza, promosso da figure come Francesco Bacone e lo stesso Galileo, permise di superare secoli di speculazioni e di dogmi, fondando una scienza moderna, basata sull'evidenza empirica e sul ragionamento logico. La rivoluzione scientifica, quindi, non fu solo una rivoluzione di scoperte, ma anche e soprattutto una rivoluzione di metodo, una rivoluzione del modo stesso di pensare e di conoscere il mondo. E questa rivoluzione, pur tra straordinari progressi, portò con sé nuove sfide e responsabilità, come l'uso bellico dell'energia nucleare, una delle scoperte rese possibili proprio da quel nuovo modo di indagare la natura.

Oggi, a distanza di secoli, ci troviamo di fronte a una nuova rivoluzione, altrettanto radicale e pervasiva, guidata non più da telescopi e microscopi, ma dall'algoritmo del potere. L'intelligenza artificiale, alimentata dai big data e resa sempre più interconnessa dalla blockchain, sta diventando il nuovo "microscopio" e "telescopio" del XXI secolo, permettendoci di analizzare la realtà a un livello di dettaglio e di complessità inimmaginabile fino a poco tempo fa. L'IA agisce come il nuovo "metodo scientifico", un metodo basato sull'analisi di enormi quantità di dati, sull'apprendimento automatico e sulla capacità di individuare correlazioni e schemi che sfuggono all'intelletto umano. L'IA, in questo scenario, non è semplicemente uno strumento aggiuntivo, ma il vero e proprio "motore" che alimenta l'algoritmo del potere, il "cervello" che analizza i big data e il "collante" che connette e potenzia le diverse tecnologie, tra cui la stessa blockchain.

È l'IA che rende i big data predittivi e manipolativi, trasformando informazioni apparentemente innocue in strumenti di controllo sociale e di influenza economica. Ed è sempre l'IA che abilita le applicazioni più avanzate della blockchain, come gli smart contract auto-eseguibili e le organizzazioni autonome decentralizzate (DAO), che promettono di rivoluzionare interi settori, dalla finanza alla governance. Immaginiamo un futuro in cui contratti, votazioni e processi decisionali siano gestiti in modo automatico e trasparente da algoritmi intelligenti, senza la necessità di intermediari umani. Senza l'intelligenza artificiale, i big data rimarrebbero un ammasso di dati grezzi, e la blockchain una catena di blocchi priva di reale utilità trasformativa.

L'algoritmo del potere, quindi, si configura sempre più come un "triangolo" sinergico composto da big data, blockchain e intelligenza artificiale. Queste tre forze, interagendo tra loro, stanno creando un ecosistema tecnologico di una complessità e di una pervasività senza precedenti, un ecosistema che sta già cambiando radicalmente il nostro modo di vivere, di lavorare, di relazionarci e di prendere decisioni.

E proprio come la rivoluzione scientifica, pur tra straordinari progressi, portò con sé nuove sfide e responsabilità, anche l'ascesa dell'algoritmo del potere ci pone di fronte a un bivio cruciale. Come ha affermato acutamente Cathy O'Neil in "Armi di distruzione matematica", "gli algoritmi sono opinioni incorporate nel codice". Questo significa che gli algoritmi, per quanto sofisticati, non sono neutrali, ma riflettono i valori, i pregiudizi e gli obiettivi di chi li programma e dei dati su cui vengono addestrati. Il rischio, quindi, è che l'algoritmo del potere, se non governato attentamente, possa amplificare le disuguaglianze esistenti, creare nuove forme di discriminazione e concentrare ulteriormente il potere nelle mani di pochi.

E mentre l'IA, i big data e la blockchain continuano la loro ascesa, ponendo sfide cruciali per il futuro della democrazia, della libertà e dell'equità, un'altra rivoluzione, altrettanto potente e per certi versi ancora più radicale, si sta profilando all'orizzonte. Una rivoluzione che non riguarda più solamente il mondo digitale, ma la materia stessa di cui siamo fatti: la vita stessa. Le biotecnologie, con la loro capacità di manipolare il codice genetico e di intervenire sui processi biologici fondamentali, rappresentano infatti un ulteriore, potentissimo tassello dell'algoritmo del potere, un tassello che esploreremo nel prossimo capitolo e che promette di cambiare per sempre il nostro rapporto con la natura e con la nostra stessa essenza di esseri umani. La sfida, ancora una volta, sarà quella di governare questo potere, di indirizzarlo verso il bene comune, di costruire un futuro in cui la tecnologia sia al servizio dell'umanità e non viceversa. E questa sfida, ne siamo sempre più consapevoli, è una sfida che possiamo vincere solo insieme.

CAPITOLO 4
BIOTECNOLOGIE: MANIPOLARE LA VITA

Nel 1869, in un laboratorio di Tubinga, in Germania, un giovane medico di nome Friedrich Miescher isolò per la prima volta una sostanza sconosciuta dai nuclei delle cellule, che chiamò "nucleina". Non poteva saperlo, ma quella scoperta avrebbe cambiato per sempre il corso della biologia e, in ultima analisi, il destino stesso dell'umanità. Miescher aveva appena compiuto il primo passo verso la comprensione del codice della vita, verso la rivelazione di quel segreto che da sempre affascinava e intimoriva l'uomo: il segreto del DNA.

Quasi un secolo dopo, nel 1953, la scoperta della struttura a doppia elica del DNA da parte di Watson e Crick svelò al mondo intero l'alfabeto molecolare su cui si basa l'ereditarietà. Da quel momento, la biologia entrò in una nuova era, un'era in cui la comprensione dei meccanismi fondamentali della vita iniziava a tradursi in un potere senza precedenti: il potere di manipolare la vita stessa.

Se il capitolo precedente ci ha condotto nei meandri del potere digitale, tra blockchain e big data, preparatevi ora a varcare una soglia ancora più radicale, a spingervi in un territorio dove l'algoritmo del potere si fonde con il codice stesso della vita. Stiamo per addentrarci nel regno delle biotecnologie, un dominio in cui la capacità di leggere, scrivere e riscrivere il DNA ci conferisce un potere sulla materia vivente che fino a pochi decenni fa apparteneva al regno della divinità o della fantascienza. E se vi dicessi che siamo sull'orlo di una rivoluzione che potrebbe non solo curare malattie finora incurabili, ma anche ridisegnare la nostra stessa natura, potenziare le nostre capacità fisiche e cognitive oltre ogni limite conosciuto, e persino creare nuove forme di vita? E se vi dicessi che questo potere, così immenso e promettente, nasconde anche rischi altrettanto grandi, forse i più grandi che l'umanità abbia mai affrontato?

Miescher, nel suo laboratorio ottocentesco, non avrebbe mai potuto immaginare le implicazioni della sua scoperta. Non avrebbe potuto prevedere che, a distanza di poco più di un secolo, la "nucleina" sarebbe diventata l'oggetto di una manipolazione sempre più sofisticata, aprendo la strada a una nuova era di interventi sulla vita. Eppure, la sua storia, come quella di Watson e Crick e di molti altri pionieri della biologia, ci ricorda come la spinta a comprendere i segreti della natura sia profondamente radicata nell'animo umano.

Ma oggi, questa spinta si è trasformata in qualcosa di più: in un potere di intervento, di modificazione, di creazione. Siamo diventati, in un certo senso, gli apprendisti stregoni della vita, capaci di manipolare le forze fondamentali che regolano l'esistenza di ogni essere vivente. Ma siamo pronti a gestire un tale potere? Siamo in grado di prevedere le conseguenze, a lungo termine, di questa manipolazione senza precedenti? E, soprattutto, chi deciderà come utilizzare questo potere e per quali fini?

Benvenuti nell'era della manipolazione biologica, un'era in cui le biotecnologie ci stanno consegnando le chiavi del codice della vita, offrendoci la possibilità di diventare gli architetti del nostro futuro biologico. Ma siamo pronti a gestire un tale potere? Siamo in grado di prevedere le conseguenze, a lungo termine, di questa manipolazione senza precedenti? E, soprattutto, chi deciderà come utilizzare questo potere e per quali fini?

IL POTERE DI RISCRIVERE IL CODICE DELLA VITA

La storia del rapporto tra uomo e biotecnologie inizia con l'alba stessa della civiltà. La domesticazione delle piante e degli animali, la selezione artificiale di varietà più produttive o resistenti, la fermentazione per la produzione di cibo e bevande sono tutte forme di biotecnologia "tradizionale" che hanno accompagnato lo sviluppo delle società umane. Ma è con la scoperta della struttura del DNA nel 1953 da parte di Watson e Crick che si apre una nuova era, quella della biologia molecolare, che ha permesso di comprendere i meccanismi fondamentali della vita e di iniziare a manipolarli in modo mirato. Il vero salto di paradigma avviene però negli ultimi decenni, con lo sviluppo di tecniche di ingegneria genetica sempre più precise ed efficienti. Se le prime tecniche di manipolazione genetica erano relativamente rudimentali e laboriose, oggi disponiamo di strumenti molecolari che ci permettono di modificare il DNA con una precisione senza precedenti.

Tra questi strumenti di manipolazione genetica, il più rivoluzionario è senza dubbio una tecnologia chiamata CRISPR-Cas9. Immaginate di andare da un sarto estremamente abile e preciso, in grado non solo di individuare un singolo filo difettoso in un'intricata trama di tessuto, ma anche di rimuoverlo con precisione e di sostituirlo con un filo nuovo, senza alterare il resto del tessuto. Questo è, in estrema sintesi, ciò che CRISPR-Cas9 consente di fare a livello del DNA. Questo sistema, in realtà, non è un'invenzione umana, ma un meccanismo di difesa naturale scoperto nei batteri. Questi microrganismi, nel corso della loro evoluzione, hanno sviluppato un modo ingegnoso per proteggersi dai virus. Quando un batterio viene attaccato da un virus, ne cattura un frammento del DNA e lo conserva all'interno del proprio genoma, in una sorta di "archivio" di virus nemici, chiamato appunto CRISPR. Questi frammenti di DNA virale, trascritti in piccole molecole di RNA, funzionano come delle "guide" che, insieme a una proteina chiamata Cas9 (che agisce come una "forbice molecolare"), pattugliano l'interno del batterio alla ricerca di DNA virale corrispondente. Se la "guida" di RNA riconosce il DNA di un virus invasore, la "forbice" Cas9 lo taglia in un punto preciso, neutralizzando la minaccia.

I ricercatori hanno poi capito come riadattare questo sistema batterico per utilizzarlo come strumento di editing genomico in qualsiasi tipo di cellula, comprese quelle umane. In pratica, si fornisce alla cellula una molecola di RNA "guida" progettata in laboratorio per corrispondere alla sequenza di DNA che si vuole modificare, e la proteina Cas9 che effettuerà il taglio. Una volta tagliato il DNA, la cellula stessa innesca dei meccanismi di riparazione. A questo punto, i ricercatori possono sfruttare questi meccanismi per inserire un nuovo frammento di DNA nel punto di taglio, correggere una mutazione esistente o semplicemente disattivare un gene specifico.

Per capire la portata di questa scoperta, torniamo all'analogia del sarto. Immaginate di avere un abito prezioso con un piccolo strappo o un filo tirato. Con le tecniche di ingegneria genetica precedenti, riparare quel difetto sarebbe stato come cercare di rammendare l'abito con un ago enorme e guanti da cucina, con il rischio di danneggiare ulteriormente il tessuto. CRISPR-Cas9, invece, è come avere a disposizione un sarto esperto con strumenti di precisione, in grado di individuare il punto esatto del danno e di ripararlo in modo invisibile.

La semplicità, l'efficienza e la versatilità di CRISPR-Cas9 hanno letteralmente rivoluzionato il campo dell'ingegneria genetica. Questa tecnologia ha reso l'editing genomico accessibile a laboratori di tutto il mondo, accelerando in modo esponenziale la ricerca in campo biomedico, agricolo e industriale. Ciò che prima richiedeva anni di lavoro e investimenti enormi, ora può essere fatto in poche settimane e con costi relativamente contenuti. È come se, all'improvviso, la capacità di modificare il codice della vita fosse diventata molto più "democratica", aprendo possibilità prima inimmaginabili.

Le applicazioni di CRISPR e di altre tecniche di editing genomico sono vastissime e in continua espansione. In campo medico, la terapia genica, che mira a curare malattie genetiche sostituendo o correggendo i geni difettosi, sta passando da speranza teorica a realtà clinica. Ad esempio, sono già in corso sperimentazioni cliniche per il trattamento di malattie come la fibrosi cistica, l'emofilia e alcune forme di cancro. La medicina personalizzata, basata sull'analisi del genoma individuale, promette di rivoluzionare la diagnosi e la cura di molte patologie, adattando i trattamenti alle caratteristiche genetiche specifiche di ogni paziente. La capacità di individuare precocemente mutazioni genetiche associate a un aumentato rischio di sviluppare determinate malattie, come il cancro al seno o il morbo di Alzheimer, apre la strada a interventi preventivi mirati e a un monitoraggio più efficace.

In campo agricolo, l'ingegneria genetica ha portato alla creazione di organismi geneticamente modificati (OGM), in grado di resistere a parassiti, erbicidi o condizioni climatiche avverse, aumentando la resa delle coltivazioni e riducendo l'uso di pesticidi. Sebbene il dibattito sugli OGM sia ancora acceso, con preoccupazioni relative alla sicurezza alimentare e all'impatto ambientale, è innegabile che queste tecnologie abbiano il potenziale di contribuire a sfamare una popolazione mondiale in crescita e di rendere l'agricoltura più sostenibile. Le nuove tecniche di editing genomico, come CRISPR, permettono di ottenere miglioramenti genetici nelle piante in modo più preciso e mirato rispetto alle tecniche tradizionali di modificazione genetica, aprendo la strada a una nuova generazione di colture OGM potenzialmente più accettabili per i consumatori e per gli ambientalisti. Si stanno sviluppando, ad esempio, varietà di riso resistenti alla siccità, grano con un contenuto di glutine ridotto e pomodori arricchiti di vitamine.

Le biotecnologie non si limitano a modificare organismi esistenti, ma si spingono fino alla creazione di nuovi materiali e processi industriali. L'utilizzo di microrganismi geneticamente modificati per la produzione di biocarburanti, bioplastiche e altri biomateriali rappresenta un'alternativa sostenibile ai processi chimici tradizionali, riducendo la dipendenza da fonti fossili e l'impatto ambientale delle attività produttive. Aziende come Amyris e Ginkgo Bioworks stanno aprendo la strada in questo campo, utilizzando lieviti e batteri ingegnerizzati per produrre una vasta gamma di composti chimici, da farmaci a cosmetici, da aromi alimentari a biocarburanti, in modo più efficiente e sostenibile rispetto ai metodi tradizionali. Si parla anche di biorisanamento, ovvero dell'utilizzo di microrganismi per degradare sostanze inquinanti e bonificare siti contaminati, offrendo soluzioni innovative per il risanamento ambientale.

Questo nuovo potere di manipolazione genetica, tuttavia, solleva interrogativi etici e sociali di grande rilevanza. Chi decide quali modifiche genetiche sono lecite e quali no? Come garantire un accesso equo alle terapie geniche, che rischiano di essere molto costose? Come prevenire un uso improprio o discriminatorio delle informazioni genetiche? E ancora, quali sono i limiti etici della manipolazione genetica in campo agricolo e industriale? Come valutare e gestire i rischi ambientali associati al rilascio di organismi geneticamente modificati nell'ecosistema?

Il dibattito sugli OGM, in particolare, è emblematico delle tensioni che accompagnano l'avanzata delle biotecnologie. Da un lato, i sostenitori degli OGM ne evidenziano i potenziali benefici in termini di aumento della produttività agricola, riduzione dell'uso di pesticidi e miglioramento delle proprietà nutrizionali degli alimenti. Dall'altro, gli oppositori esprimono preoccupazioni riguardo alla sicurezza alimentare, all'impatto sulla biodiversità, al rischio di dipendenza dalle multinazionali sementiere e alla possibilità che si creino nuove forme di disuguaglianza tra agricoltori ricchi e poveri. La questione OGM, insomma, non è solo scientifica, ma anche sociale, economica e politica, e richiede un approccio olistico che tenga conto di tutti questi aspetti.

Mentre il dibattito sugli OGM continua, le nuove tecniche di editing genomico, come CRISPR, stanno aprendo nuove frontiere e, al contempo, riaccendendo le controversie. La loro maggiore precisione e la relativa semplicità di utilizzo rendono queste tecnologie ancora più potenti e, di conseguenza, ancora più bisognose di una regolamentazione attenta e di un dibattito pubblico informato. Il confine tra "terapia" e "potenziamento" diventa sempre più labile, e la possibilità di intervenire sul genoma umano apre scenari distopici che fino a poco tempo fa erano confinati alla fantascienza. La facilità con cui è possibile, almeno in teoria, modificare il genoma di qualsiasi organismo vivente, inclusi gli embrioni umani, solleva interrogativi etici senza precedenti. Ad esempio, nel 2018, lo scienziato cinese He Jiankui ha annunciato di aver creato i primi bambini geneticamente modificati con CRISPR, suscitando un'ondata di indignazione nella comunità scientifica internazionale e riaprendo il dibattito sui limiti etici dell'editing genomico umano.

L'ERA DELLA BIOLOGIA SINTETICA

Se l'ingegneria genetica si concentra sulla modifica di organismi esistenti, la biologia sintetica compie un passo ulteriore, ambendo a progettare e costruire sistemi biologici artificiali, o addirittura nuove forme di vita, a partire da componenti elementari. Questo campo di ricerca, che si colloca all'intersezione tra biologia, ingegneria, informatica e nanotecnologie, rappresenta una delle frontiere più avanzate e promettenti delle biotecnologie.

La differenza fondamentale tra ingegneria genetica e biologia sintetica può essere paragonata a quella tra modificare un software esistente e scriverne uno nuovo da zero. Mentre l'ingegnere genetico "hacker" il codice genetico di un organismo esistente, inserendo, eliminando o modificando geni, il biologo sintetico progetta e assembla "parti" biologiche standardizzate per creare sistemi con funzioni nuove e prevedibili.

Le applicazioni della biologia sintetica sono potenzialmente infinite. Alcuni ricercatori stanno lavorando alla creazione di microrganismi artificiali in grado di produrre farmaci, biocarburanti o nuovi materiali in modo più efficiente e sostenibile rispetto ai processi tradizionali. Altri stanno sviluppando biosensori capaci di rilevare la presenza di sostanze inquinanti nell'ambiente o di diagnosticare malattie in modo rapido e preciso. Si parla persino di utilizzare batteri ingegnerizzati per ripulire sversamenti di petrolio o per produrre idrogeno come fonte di energia pulita. Un esempio affascinante è la creazione di "bio-computer", circuiti biologici costruiti a partire dal DNA e da proteine, in grado di eseguire semplici operazioni logiche. Sebbene questi sistemi siano ancora molto primitivi, aprono la strada a una possibile integrazione tra biologia e informazione, con implicazioni che vanno ben oltre la nostra attuale comprensione.

Uno degli obiettivi più ambiziosi della biologia sintetica è la creazione di vita artificiale minima, ovvero di un organismo artificiale dotato delle caratteristiche essenziali per essere considerato "vivo": la capacità di autoriprodursi, di metabolizzare energia e di evolversi. Questo filone di ricerca non ha solo implicazioni pratiche, ma anche profonde implicazioni filosofiche, in quanto ci costringe a ripensare la definizione stessa di vita e il confine tra naturale e artificiale. Craig

Venter, uno dei pionieri della genomica, ha compiuto passi significativi in questa direzione. Nel 2010, il suo team ha creato il primo batterio con un genoma sintetico, denominato "Synthia", trapiantando un genoma sintetico, progettato al computer e assemblato in laboratorio, all'interno di una cellula batterica svuotata del proprio DNA. Questo esperimento ha dimostrato la possibilità di creare organismi con genomi artificiali, aprendo la strada alla progettazione di forme di vita con caratteristiche nuove e potenzialmente utili.

Tuttavia, la creazione di nuove forme di vita solleva anche questioni etiche e di sicurezza. Cosa succederebbe se questi organismi artificiali sfuggissero al controllo e si diffondessero nell'ambiente? Quali sarebbero le conseguenze per gli ecosistemi naturali? E chi avrebbe il diritto di creare e brevettare nuove forme di vita? Queste domande richiedono un'attenta riflessione e un dibattito pubblico approfondito, che coinvolga non solo scienziati ed esperti di etica, ma anche la società civile nel suo complesso.

POTENZIARE L'UMANO: TRA TERAPIA E ENHANCEMENT

Le biotecnologie non si limitano a intervenire su microrganismi o piante, ma aprono anche la strada al potenziamento umano, ovvero all'utilizzo di tecnologie per migliorare le capacità fisiche e cognitive dell'uomo oltre i limiti naturali. Questa prospettiva, che si colloca al confine tra terapia e miglioramento, tra cura e potenziamento, solleva questioni etiche e sociali di grande complessità.

Se da un lato è universalmente accettato l'utilizzo delle biotecnologie per curare malattie e ripristinare funzioni corporee compromesse, dall'altro l'idea di utilizzare le stesse tecnologie per potenziare individui sani è molto più controversa. Si pensi, ad esempio, alla possibilità di utilizzare l'editing genomico per migliorare la forza muscolare, la resistenza o le capacità cognitive. O all'impiego di interfacce cervello-computer per aumentare la memoria o la velocità di elaborazione delle informazioni.

Queste possibilità, che fino a poco tempo fa erano relegate alla fantascienza, stanno diventando sempre più concrete, aprendo scenari affascinanti ma anche inquietanti. Chi avrà accesso a queste tecnologie di potenziamento? Si creerà una nuova divisione tra "potenziati" e "non potenziati", con conseguenti disuguaglianze sociali ed economiche? E ancora, quali sono i limiti etici del potenziamento umano? Fino a che punto è lecito intervenire sulla natura umana per migliorarla?

Il dibattito sul potenziamento umano si intreccia con le visioni del transumanesimo e del postumanesimo, movimenti filosofici e culturali che sostengono l'utilizzo della scienza e della tecnologia per superare i limiti biologici dell'uomo e per migliorare radicalmente la condizione umana. I transumanisti vedono nel potenziamento tecnologico un'opportunità per trascendere i vincoli imposti dalla nostra biologia, per aumentare la nostra longevità, per potenziare le nostre capacità cognitive e per raggiungere un nuovo stadio evolutivo.

Tuttavia, i critici del transumanesimo sollevano dubbi sulla desiderabilità e sulla sostenibilità di un tale progetto. Essi mettono in guardia contro i rischi di una "tirannia del potenziamento", in cui la pressione sociale a migliorarsi potrebbe limitare la libertà individuale e portare a nuove forme di discriminazione. Inoltre, essi sottolineano come il potenziamento potrebbe amplificare le disuguaglianze esistenti, creando una società divisa tra una élite potenziata e una massa di individui "normali". Infine, si interrogano sulla possibilità di definire in modo oggettivo cosa sia un "miglioramento" e chi abbia il diritto di stabilirlo.

In questo contesto di accesi dibattiti e di visioni contrastanti sul futuro dell'umano, si inserisce l'attività di aziende come Neuralink, fondata da Elon Musk nel 2016. Neuralink si propone di sviluppare interfacce cervello-macchina (BMI) impiantabili, con l'obiettivo iniziale di aiutare persone con paralisi o gravi disabilità neurologiche a controllare dispositivi elettronici con il pensiero. Attraverso l'impianto di microelettrodi nel cervello, Neuralink mira a registrare e stimolare l'attività neurale, creando una connessione diretta tra il cervello e un computer. I primi test, condotti su animali, hanno mostrato risultati preliminari promettenti. Ad esempio, nel 2021, Neuralink ha presentato un video di un macaco di nome Pager, in grado di giocare a un videogioco simile a Pong utilizzando solo l'attività cerebrale, grazie a un impianto neurale. Musk ha dichiarato che l'obiettivo a lungo termine di Neuralink è quello di creare una "simbiosi con l'intelligenza artificiale", in cui le capacità cognitive umane vengano amplificate dalla connessione diretta con macchine intelligenti. Sebbene questa visione sia ancora lontana dal realizzarsi, e al netto delle controversie etiche e di sicurezza, i progressi di Neuralink rappresentano una tappa significativa nello sviluppo delle interfacce cervello-macchina e aprono scenari inediti nel campo del potenziamento umano.

I RISCHI DELLE BIOTECNOLOGIE: BIOSICUREZZA E BIOTERRORISMO

Come ogni tecnologia potente, anche le biotecnologie presentano rischi significativi che devono essere attentamente valutati e gestiti. La facilità di accesso a strumenti di editing genomico come CRISPR, se da un lato democratizza la ricerca, dall'altro aumenta il rischio di un uso improprio o accidentale di queste tecnologie.

Una delle preoccupazioni principali riguarda la biosicurezza, ovvero l'insieme di misure volte a prevenire il rilascio accidentale nell'ambiente di organismi geneticamente modificati o di agenti patogeni pericolosi. I laboratori che lavorano con questi materiali devono adottare rigorosi protocolli di contenimento e seguire procedure di sicurezza molto stringenti. Tuttavia, il rischio zero non esiste, e la possibilità di un incidente, per quanto remota, non può essere completamente esclusa.

Ancora più inquietante è la minaccia del bioterrorismo, ovvero l'utilizzo deliberato di agenti biologici per causare danni alla popolazione o all'ambiente. La storia ha già conosciuto esempi di armi biologiche, come l'uso dell'antrace in alcuni attacchi terroristici, ma le moderne biotecnologie rendono questa minaccia ancora più insidiosa. La possibilità di creare in laboratorio agenti patogeni ancora più virulenti o resistenti agli antibiotici, o addirittura di modificare geneticamente virus esistenti per renderli più letali, è uno scenario che preoccupa gli esperti di sicurezza e i governi di tutto il mondo.

Il problema del "dual use" (uso duale) è particolarmente rilevante nel campo delle biotecnologie. Molte delle tecnologie sviluppate per scopi civili e pacifici, come la ricerca medica o la produzione di biocarburanti, possono essere potenzialmente riadattate per scopi bellici o terroristici. Questa ambivalenza rende estremamente difficile regolamentare in modo efficace il settore delle biotecnologie senza ostacolare il progresso scientifico e le sue applicazioni benefiche.

Per affrontare questi rischi, è necessaria una governance internazionale che coinvolga scienziati, governi, organizzazioni internazionali e società civile. Sono state create convenzioni internazionali, come la Convenzione sulle Armi Biologiche del 1972, che vietano lo sviluppo, la produzione e l'uso di armi biologiche, ma l'efficacia di questi trattati dipende dalla volontà degli stati di rispettarli e dalla capacità di monitorare e verificare il loro rispetto.

FUTURO DELL'UMANITÀ

Mentre ci addentriamo in questa nuova era biotecnologica, ci troviamo di fronte a un bivio epocale. Da un lato, le biotecnologie offrono promesse straordinarie: la sconfitta di malattie oggi incurabili, la creazione di nuove risorse sostenibili, il miglioramento della qualità della vita e, per alcuni, la possibilità di trascendere i nostri limiti biologici. Dall'altro, si profilano rischi altrettanto imponenti, che vanno dall'uso improprio delle tecnologie a fini bellici o terroristici, alla creazione di nuove forme di disuguaglianza e discriminazione, fino alla possibilità di alterare in modo irreversibile gli equilibri ecologici del pianeta.

E se le biotecnologie ci permettessero non solo di curare le malattie, ma di rallentare o addirittura arrestare l'invecchiamento? Se riuscissimo a controllare i processi degenerativi del corpo umano, a rigenerare tessuti e organi danneggiati, a potenziare le nostre difese immunitarie contro ogni tipo di virus o batterio, allora la prospettiva di una vita radicalmente più lunga, forse addirittura di un'immortalità biologica, non sarebbe più fantascienza, ma un orizzonte possibile. Questa possibilità, un tempo confinata nei sogni di alchimisti e visionari, sta ora diventando oggetto di ricerca scientifica e di ingenti investimenti. Non a caso, figure come Jeff Bezos, il fondatore di Amazon, hanno puntato risorse significative su aziende impegnate nella ricerca sull'estensione della vita. Bezos, in particolare, ha investito in Altos Labs, una startup biotecnologica che si dedica allo studio della riprogrammazione cellulare, una tecnologia che mira a "ringiovanire" le cellule riportandole a uno stato simile a quello embrionale. Altre aziende, come Calico, fondata da Google, e Unity Biotechnology, stanno esplorando diverse strategie per combattere l'invecchiamento, dalla rimozione delle cellule senescenti (quelle che hanno smesso di dividersi e contribuiscono all'invecchiamento) allo sviluppo di terapie geniche per contrastare le malattie legate all'età. Sebbene una vera e propria "cura" per l'invecchiamento sia ancora lontana, i progressi in questi campi sono tangibili e lasciano intravedere un futuro in cui la durata e la qualità della vita umana potrebbero essere radicalmente diverse da quelle attuali.

Questo scenario, per quanto suggestivo, solleva interrogativi etici e sociali di portata inimmaginabile. Chi avrebbe accesso a queste tecnologie di estensione della vita? Si creerebbe una divisione ancora più netta tra ricchi, in grado di permettersi l'accesso a trattamenti di ringiovanimento, e poveri, destinati a una vita più breve e segnata dalle malattie? Come cambierebbe il concetto di identità, di generazione, di ciclo di vita? Quale sarebbe l'impatto di una popolazione umana potenzialmente immortale sugli equilibri sociali, economici ed ecologici del pianeta?

Queste domande ci portano al cuore del rapporto tra biotecnologie e algoritmo del potere. Se, come abbiamo visto nei capitoli precedenti, l'IA, i big data e la blockchain ci conferiscono un potere senza precedenti di manipolare il mondo dell'informazione e dei processi computazionali, le biotecnologie ci offrono la possibilità di intervenire direttamente sul mondo biologico, di riscrivere le regole della vita stessa. Questo potere, se possibile, è destinato a diventare il più grande potere che abbiamo mai avuto, e quello che cambierà ogni cosa. La sfida, ancora una volta, sarà quella di governare questo potere, di indirizzarlo verso il bene comune, di costruire un futuro in cui la tecnologia sia al servizio dell'umanità e non viceversa. E questa sfida, ne siamo sempre più consapevoli, è una sfida che possiamo vincere solo insieme, attraverso un dialogo aperto e inclusivo che coinvolga non solo scienziati e tecnologi, ma l'intera società. Perché il futuro della vita, senza dubbio, riguarda tutti noi.

E c'è un ulteriore elemento, di importanza cruciale, che dobbiamo considerare quando parliamo di biotecnologie e del loro impatto sul futuro: l'accelerazione esponenziale impressa dall'intelligenza artificiale. Finora, il progresso scientifico e tecnologico, pur con balzi in avanti significativi, ha seguito un andamento tutto sommato graduale, scandito dal ritmo delle scoperte, delle sperimentazioni e delle applicazioni. L'intelligenza artificiale, però, sta cambiando radicalmente le regole del gioco.

Applicata alle biotecnologie, l'IA ha il potenziale di accelerare a dismisura i tempi della ricerca e dello sviluppo. Algoritmi di machine learning possono analizzare enormi quantità di dati genomici, proteomici e metabolomici, identificando correlazioni e schemi che sfuggirebbero all'analisi umana. Possono simulare l'interazione di molecole complesse, prevedere l'efficacia di nuovi farmaci o progettare organismi sintetici con una rapidità e una precisione impensabili fino a pochi anni fa. In questo modo, l'IA non solo potenzia le singole scoperte, ma accelera l'intero processo di innovazione, creando un circolo virtuoso in cui ogni nuova scoperta alimenta e velocizza quella successiva.

Ciò significa che le scoperte e le innovazioni in campo biotecnologico, che un tempo richiedevano decenni per compiersi, potrebbero ora avvenire nel giro di pochi anni, se non di mesi. L'orizzonte temporale per il raggiungimento di traguardi come la sconfitta di malattie complesse, la creazione di terapie geniche personalizzate o lo sviluppo di biotecnologie per l'estensione radicale della vita si sta improvvisamente accorciando, e in modo significativo. Se a questo aggiungiamo il potenziale dirompente della convergenza tra biotecnologie, nanotecnologie e intelligenza artificiale, ci rendiamo conto di come ci troviamo davvero sulla soglia di una nuova era, un'era in cui la nostra capacità di comprendere e manipolare la vita crescerà a un ritmo esponenziale.

Questa accelerazione, per quanto promettente, ci pone di fronte a responsabilità ancora maggiori. Dobbiamo essere pronti a gestire non solo il potere di queste tecnologie, ma anche la velocità con cui si evolvono. La nostra capacità di adattamento, di comprensione e di regolamentazione dovrà tenere il passo con un progresso scientifico che non ha precedenti nella storia. Il futuro delle biotecnologie, e in definitiva il futuro dell'umanità, dipenderà in larga misura dalla nostra capacità di governare e contenere questa accelerazione, di indirizzarla verso un progresso sostenibile, equo e inclusivo. E questa è una sfida che possiamo vincere solo con una visione lungimirante, con un impegno globale e con una profonda consapevolezza delle implicazioni etiche e sociali che accompagnano ogni passo avanti in questo territorio inesplorato.

CAPITOLO 5
QUANTUM COMPUTING: LA NUOVA POTENZA DI CALCOLO

N ella storia dell'umanità, ci sono stati momenti in cui una singola invenzione ha innescato un'accelerazione senza precedenti nel progresso tecnologico, cambiando per sempre il corso della civiltà. L'invenzione della stampa a caratteri mobili di Gutenberg, nel XV secolo, rese la conoscenza accessibile a un pubblico molto più ampio, alimentando la diffusione delle idee e la crescita culturale. La macchina a vapore di Watt, nel XVIII secolo, diede il via alla rivoluzione industriale, moltiplicando la forza produttiva e trasformando radicalmente l'economia e la società. L'avvento dell'elettricità, nel XIX secolo, illuminò le città, alimentò nuove industrie e rivoluzionò le comunicazioni. Nel XX secolo, l'invenzione del transistor e poi del microchip aprì la strada all'era dell'informazione, con la nascita dei computer, di Internet e dell'intelligenza artificiale. E, come dimostrato nei capitoli precedenti, l'intelligenza artificiale, in sinergia con i big data e la blockchain, sta configurando un nuovo, potentissimo algoritmo del potere, capace di rimodellare il mondo a una velocità mai vista prima.

Ebbene, oggi ci troviamo sulla soglia di una nuova rivoluzione, potenzialmente ancora più dirompente di quelle che l'hanno preceduta: l'avvento del quantum computing. Questa tecnologia, ancora nelle sue fasi iniziali di sviluppo, promette di sfruttare le leggi della meccanica quantistica per eseguire calcoli di una complessità inarrivabile per i computer classici, aprendo frontiere inesplorate nella potenza di calcolo e, di conseguenza, amplificando in modo esponenziale le capacità dell'algoritmo del potere. Se l'IA è il "cervello" che elabora le informazioni, il quantum computing si prepara a fornirle un "super-cervello", capace di risolvere in pochi istanti problemi che richiederebbero millenni ai computer attuali.

Per comprendere la portata di questo salto tecnologico, proviamo a fare un esempio. Immaginate di dover cercare un singolo ago in un pagliaio. Un computer classico dovrebbe esaminare ogni filo di paglia uno per uno, fino a trovare quello giusto. Più grande è il pagliaio, più tempo ci vorrà. Ora, immaginate che il pagliaio sia grande quanto l'intero universo osservabile, composto da miliardi di miliardi di fili di paglia. Questo è il tipo di problema che un computer semplice può risolvere in milioni di anni, mentre un computer quantistico potrebbe, in teoria, risolverlo in pochi minuti.

Come è possibile? La risposta sta nei principi della meccanica quantistica, che governa il mondo dell'infinitamente piccolo, il mondo degli atomi e delle particelle subatomiche. In questo mondo, le regole sono molto diverse da quelle a cui siamo abituati. Una particella microscopica, ad esempio, può trovarsi in più posti contemporaneamente, un po' come se un singolo filo di paglia potesse essere in più punti del pagliaio nello stesso momento. Questo fenomeno si chiama sovrapposizione.

Inoltre, due particelle possono essere legate tra loro in modo speciale, anche se si trovano a grande distanza. È come se due fili di paglia, uno sulla Terra e l'altro su una galassia lontana, cambiassero colore istantaneamente e all'unisono: se uno diventa rosso, l'altro diventa automaticamente, ad esempio, blu. Questo fenomeno si chiama entanglement.

I computer quantistici sfruttano proprio questi fenomeni così particolari del mondo microscopico per compiere le loro magie di calcolo. Il segreto sta in come viene immagazzinata e processata l'informazione. Nei computer normali, l'unità di base dell'informazione è il bit, che possiamo immaginarlo come un interruttore che può essere acceso (1) o spento (0). Tutta l'informazione che il computer elabora, dalle immagini ai testi, dai video alla musica, è in definitiva codificata come una lunga sequenza di 0 e 1.

Nei computer quantistici, invece, l'unità di base è il "qubit". E qui le cose si fanno interessanti. Grazie al principio di sovrapposizione, un qubit può essere contemporaneamente sia 0 che 1, un po' come se il nostro interruttore potesse essere sia acceso che spento nello stesso momento. È come se, nel pagliaio di prima, ogni filo potesse trovarsi in più punti contemporaneamente, aumentando esponenzialmente le possibilità di trovare l'ago.

L'impatto di questa nuova potenza di calcolo sull'algoritmo del potere è destinato a essere profondo. Questa accelerazione avrà ripercussioni su tutti i settori, dalla ricerca scientifica alla finanza, dalla crittografia alla logistica, amplificando a dismisura le capacità di chi avrà accesso a questa tecnologia. In un mondo già accelerato dall'intelligenza artificiale, il quantum computing si prepara a innescare una crescita esponenziale, forse addirittura iper-esponenziale, delle capacità tecnologiche, portando l'algoritmo del potere a un livello completamente nuovo. Se già l'IA ci ha proiettato in una nuova era, il quantum computing è la tecnologia che potrebbe cambiare per sempre le regole del gioco, per la nostra specie e per il mondo che la circonda.

STATO DELL'ARTE DEL QUANTUM COMPUTING

Ma a che punto siamo nello sviluppo di questa tecnologia rivoluzionaria? La risposta, in breve, è che siamo in una fase di rapida evoluzione. Il quantum computing è oggi un campo di ricerca estremamente attivo, che vede coinvolti sia giganti dell'informatica come Google, IBM, Microsoft e Intel, sia startup innovative come Rigetti Computing, IonQ e D-Wave Systems, oltre a università e centri di ricerca di tutto il mondo.

La competizione è serrata e gli investimenti sono ingenti, alimentati dalla prospettiva di ottenere un vantaggio strategico in un settore che promette di ridefinire i paradigmi del calcolo e dell'algoritmo del potere. Tuttavia, costruire un computer quantistico funzionante e scalabile si sta rivelando una sfida tecnologica di proporzioni immense.

Uno dei principali ostacoli è la natura estremamente fragile dei qubit. Per mantenere le proprietà quantistiche di sovrapposizione ed entanglement, i qubit devono essere isolati quasi perfettamente dall'ambiente esterno, in quanto qualsiasi interazione con esso, anche minima, può causare la perdita delle informazioni quantistiche (un fenomeno chiamato decoerenza). Questo richiede di operare a temperature vicine allo zero assoluto, utilizzando sistemi di raffreddamento estremamente sofisticati, e di schermare i qubit da qualsiasi campo elettromagnetico o vibrazione esterna.

Per questo motivo, i computer quantistici attuali sono macchine estremamente complesse e delicate, che occupano intere stanze e richiedono un'infrastruttura di supporto altamente specializzata. Inoltre, il numero di qubit che si riesce a controllare simultaneamente, pur essendo in crescita, è ancora limitato. Al momento, i computer quantistici più avanzati, come "Sycamore" di Google e "Zuchongzhi" di un team di ricerca cinese, contano alcune decine di qubit "rumorosi" (cioè soggetti a errori), mentre per eseguire algoritmi quantistici complessi e risolvere problemi di interesse pratico sarebbero necessari sistemi con migliaia o milioni di qubit "corretti" (cioè con un tasso di errore molto basso).

Un'altra sfida cruciale è quella della correzione degli errori. A causa della loro estrema sensibilità, i qubit sono molto più inclini a errori rispetto ai bit classici. Per costruire computer quantistici affidabili, è quindi necessario sviluppare tecniche di correzione degli errori quantistici, che permettano di identificare e correggere gli errori in tempo reale, senza distruggere le informazioni quantistiche. Questo è un campo di ricerca molto attivo, ma ancora lontano da una soluzione definitiva.

Nonostante queste difficoltà, i progressi nel campo del quantum computing sono stati rapidi e significativi negli ultimi anni. Diversi team di ricerca in tutto il mondo stanno esplorando differenti approcci tecnologici per la realizzazione dei qubit, tra cui:

- Qubit superconduttori: basati su circuiti elettrici che operano a temperature criogeniche, sono la tecnologia attualmente più matura, adottata da aziende come Google, IBM e Rigetti.
- Trappole di ioni: utilizzano campi elettromagnetici per intrappolare singoli ioni (atomi carichi elettricamente) e manipolarne gli stati quantistici. Questo approccio, perseguito da aziende come IonQ e Honeywell, offre tempi di coerenza più lunghi, ma è più difficile da scalare.
- Fotoni: sfruttano le proprietà quantistiche della luce per codificare ed elaborare informazioni. Aziende come PsiQuantum e Xanadu stanno esplorando questa strada, che promette una maggiore stabilità dei qubit a temperatura ambiente, ma presenta sfide significative in termini di miniaturizzazione e integrazione dei componenti.

Oltre a questi, esistono altri approcci promettenti, come i qubit topologici, i qubit di silicio e i difetti di diamante, ognuno con i suoi vantaggi e svantaggi. La varietà di tecnologie in gioco rende il panorama del quantum computing estremamente dinamico e stimolante, ma rende anche difficile prevedere quale approccio si affermerà nel lungo termine.

Mentre sto scrivendo questo libro, Google ha annunciato il 9 dicembre 2024 "Willow", un chip quantistico all'avanguardia basato su qubit superconduttori. Questo chip rappresenta un importante passo avanti nella tecnologia di Google, in quanto introduce un'architettura modulare che permette di collegare più chip tra loro, aprendo la strada alla costruzione di computer quantistici con un numero maggiore di qubit. "Willow", pur non essendo ancora un computer quantistico fault-tolerant, dimostra i continui progressi compiuti da Google in questo campo, a pochi anni dall'annuncio della "supremazia quantistica" ottenuta con il precedente chip Sycamore nel 2019. Come sottolineato da Hartmut Neven, fondatore e responsabile di Google Quantum AI, Willow ha permesso di raggiungere due importanti traguardi: la riduzione esponenziale degli errori all'aumentare del numero di qubit (un risultato noto come "sotto la soglia") e l'esecuzione di un calcolo di benchmark standard (il campionamento di circuiti casuali) in meno di cinque minuti, un'operazione che richiederebbe a uno dei supercomputer più veloci di oggi ben 10 septilioni di anni. La ricerca di Google, come quella di altre aziende leader del settore, si sta concentrando in modo particolare sulla correzione degli errori quantistici, un passaggio cruciale per arrivare a computer quantistici realmente utilizzabili su larga scala.

E a rendere ancora più rapida questa corsa all'innovazione sarà, con ogni probabilità, proprio l'intelligenza artificiale. Algoritmi di machine learning vengono già utilizzati per ottimizzare il controllo dei qubit, per sviluppare nuovi metodi di correzione degli errori e per progettare nuove architetture di computer quantistici. Inoltre, l'intelligenza artificiale potrebbe rivelarsi fondamentale nella ricerca di nuovi materiali, come i superconduttori ad alta temperatura, che potrebbero semplificare la costruzione dei computer quantistici e renderli più stabili. Si crea così un circolo virtuoso in cui l'IA accelera lo sviluppo del quantum computing, che a sua volta potenzierà ulteriormente le capacità dell'IA, in un ciclo di potenziamento reciproco che potrebbe portare a progressi scientifici e tecnologici di portata inimmaginabile.

LE POTENZIALI APPLICAZIONI DEL QUANTUM COMPUTING

Ma a cosa servirebbero, in concreto, questi potentissimi computer quantistici? Se i computer quantistici diventeranno realtà su larga scala, avremo a disposizione una potenza di calcolo tale da trasformare radicalmente numerosi settori.

Vediamone alcuni, cercando di spiegarli nel modo più semplice possibile:

• Simulazione di Molecole e Materiali. Immaginate di poter progettare nuovi farmaci o nuovi materiali, come plastiche super-resistenti o batterie ultra-efficienti, direttamente al computer, senza dover passare per lunghi e costosi processi di sintesi e test in laboratorio. Questo è ciò che il quantum computing potrebbe rendere possibile. Simulare il comportamento di molecole e materiali a livello atomico è estremamente complesso, perché richiede di tenere conto delle interazioni quantistiche tra tutti gli atomi coinvolti. I computer classici, anche i più potenti, non riescono a farlo in modo efficiente se non per molecole molto piccole. I computer quantistici, invece, essendo basati sugli stessi principi della meccanica quantistica, sono intrinsecamente adatti a questo compito. Pensate a un architetto che, invece di costruire un modellino in scala di un edificio, potesse crearne una simulazione virtuale perfetta, in grado di riprodurne fedelmente ogni dettaglio, persino il comportamento dei singoli mattoni sotto sforzo. Questo è ciò che il quantum computing potrebbe fare per la chimica e la scienza dei materiali. Ad esempio, i computer quantistici potrebbero simulare l'interazione di un farmaco con una proteina bersaglio, permettendo di scoprire nuovi medicinali in modo molto più rapido e mirato. O potrebbero aiutare a progettare nuovi catalizzatori per rendere più efficienti e sostenibili i processi chimici industriali, come un "progettista virtuale" che trova la combinazione perfetta di elementi per una reazione chimica. Un'altra applicazione di frontiera è la ricerca sulla fusione nucleare. La fusione nucleare, il processo che alimenta il sole e le stelle, promette di diventare una fonte di energia pulita, sicura e virtualmente illimitata. Tuttavia, riprodurre e controllare le reazioni di fusione in laboratorio è estremamente complesso e richiede una comprensione dettagliata dei plasmi ad alta temperatura, un "quarto stato della materia" in cui gli elettroni sono separati dai nuclei atomici. I computer quantistici, grazie alla loro capacità di simulare sistemi quantistici, potrebbero permettere di modellizzare il comportamento dei plasmi con una precisione inarrivabile per i computer classici, aiutando a progettare e ottimizzare i reattori a fusione come l'ITER (International Thermonuclear Experimental Reactor) o il reattore SPARC del Commonwealth Fusion Systems e del MIT. La capacità di accelerare la ricerca sulla fusione nucleare avrebbe un impatto rivoluzionario sul problema energetico globale, offrendo una soluzione potenzialmente definitiva alla nostra dipendenza dai combustibili fossili e aprendo la strada a un futuro energetico sostenibile.

• Intelligenza Artificiale. Abbiamo già visto come l'IA sia il "cervello" dell'algoritmo del potere. Ebbene, il quantum computing potrebbe dotare questo "cervello" di capacità ancora più straordinarie. Pensate a un bambino che impara a riconoscere un gatto guardando centinaia di foto di gatti. Questo è, in modo molto semplificato, ciò che fanno gli algoritmi di machine learning: imparano da grandi quantità di dati. Ma cosa succederebbe se questo bambino potesse guardare milioni di miliardi di foto di gatti contemporaneamente, e imparare a riconoscerli tutti in un istante? Questo è ciò che il quantum computing potrebbe rendere possibile per l'IA. L'addestramento di modelli di IA complessi richiede una potenza di calcolo immensa, che i computer quantistici potrebbero fornire, permettendo di sviluppare sistemi di IA ancora più sofisticati e performanti. Questo potrebbe portare a progressi significativi in campi come il riconoscimento di immagini (pensate a sistemi di sorveglianza intelligenti o alla diagnostica medica per immagini), l'elaborazione del linguaggio naturale (immaginate traduttori automatici perfetti o chatbot in grado di sostenere conversazioni indistinguibili da quelle umane) e la robotica (robot capaci di apprendere in modo autonomo e di adattarsi a situazioni complesse). Ma il quantum computing potrebbe fare molto di più che potenziare le IA attuali: potrebbe aprire la strada alla creazione di Intelligenze Artificiali Generali (AGI) che abbiamo visto nel capitolo 1. Se le IA odierne sono molto brave in compiti specifici, come giocare a scacchi o riconoscere volti, un'AGI sarebbe in grado di ragionare, apprendere e risolvere problemi in modo simile a un essere umano, passando da un ambito all'altro con la stessa flessibilità. La realizzazione di un'AGI è considerata da molti il "Santo Graal" dell'intelligenza artificiale, e alcuni esperti ritengono che il quantum computing sia un ingrediente essenziale per raggiungerla. La capacità dei computer quantistici di esplorare simultaneamente un numero enorme di possibilità e di individuare correlazioni complesse in vasti dataset potrebbe infatti rivelarsi la chiave per creare macchine dotate di una vera e propria "intelligenza generale". Sebbene l'AGI rimanga un obiettivo lontano e circondato da incertezze, è chiaro che il quantum computing giocherà un ruolo fondamentale nel suo eventuale sviluppo, con implicazioni che vanno ben oltre la nostra attuale comprensione.

• Crittografia: La sicurezza di molti sistemi crittografici attualmente in uso, quelli che proteggono le nostre comunicazioni e transazioni online, si basa sulla difficoltà di risolvere alcuni problemi matematici con i computer classici. Immaginate questi sistemi come lucchetti molto complessi, che richiederebbero un tempo enorme per essere forzati, anche con le chiavi sbagliate. L'avvento di computer quantistici sufficientemente potenti potrebbe rendere obsoleti questi sistemi, un po' come se qualcuno inventasse una chiave universale capace di aprire tutti quei lucchetti. Questo metterebbe a rischio la sicurezza delle nostre informazioni. Questo ha portato allo sviluppo di un nuovo campo di ricerca, chiamato crittografia post-quantistica, che mira a sviluppare algoritmi crittografici resistenti agli attacchi dei computer quantistici. Paradossalmente, gli stessi computer quantistici potrebbero contribuire a creare nuovi sistemi crittografici ancora più sicuri, basati su principi quantistici come la distribuzione quantistica di chiavi (Quantum Key Distribution - QKD). Pensate a due persone che si scambiano un messaggio segreto utilizzando un lucchetto quantistico: se qualcuno cercasse di forzare il lucchetto, il lucchetto stesso si autodistruggerebbe, rendendo impossibile l'intercettazione del messaggio.

• Ricerca Scientifica: Il quantum computing promette di rivoluzionare la ricerca scientifica in molti campi, dalla fisica delle alte energie alla scienza dei materiali, dalla cosmologia alla biologia. Immaginate di poter simulare l'evoluzione dell'universo nei suoi primi istanti di vita, o di poter studiare il comportamento di singole particelle subatomiche con una precisione assoluta. La capacità di simulare sistemi quantistici complessi aprirà nuove frontiere nella comprensione dei fenomeni naturali e nell'esplorazione di nuove teorie scientifiche. Ad esempio, i fisici potrebbero simulare il comportamento di particelle subatomiche in condizioni estreme, come quelle che si trovano all'interno di un buco nero o durante il Big Bang. O gli astronomi potrebbero studiare la formazione e l'evoluzione delle galassie con un livello di dettaglio impensabile con i computer classici.

L'IMPATTO GEOPOLITICO DEL QUANTUM COMPUTING

Lo sviluppo del quantum computing non è solo una questione scientifica e tecnologica, ma ha anche profonde implicazioni geopolitiche. La nazione che per prima riuscirà a sviluppare computer quantistici funzionanti e scalabili godrà di un vantaggio strategico significativo, sia in campo economico che militare.

La capacità di decrittare i codici attualmente in uso metterebbe a rischio la sicurezza delle comunicazioni di governi, aziende e individui. Questo potrebbe portare a una nuova corsa agli armamenti, in cui le nazioni competono per sviluppare sia capacità di attacco quantistico che difese post-quantistiche. Non a caso, paesi come Stati Uniti, Cina, Unione Europea, Russia e Canada stanno investendo massicciamente nella ricerca sul quantum computing, considerandolo una priorità strategica per la sicurezza nazionale.

Inoltre, il quantum computing potrebbe alterare gli equilibri di potere economico, favorendo i paesi e le aziende che avranno accesso a questa tecnologia. La capacità di risolvere problemi di ottimizzazione complessi, di sviluppare nuovi materiali e farmaci, di potenziare l'intelligenza artificiale, conferirà un vantaggio competitivo notevole in molti settori chiave dell'economia del futuro.

Questo scenario solleva la questione del "quantum divide", ovvero il rischio che si crei un divario tecnologico e socioeconomico tra chi ha accesso al quantum computing e chi ne è escluso. Per evitare che questo divario si allarghi, sarà fondamentale promuovere la cooperazione internazionale, favorire un accesso equo a questa tecnologia e investire nella formazione di una nuova generazione di scienziati e ingegneri quantistici.

PARTE 2

LA CONVERGENZA TECNOLOGICA

CAPITOLO 6
L'ECOSISTEMA CONVERGENTE

l concetto di "algoritmo del potere", introdotto e analizzato nei capitoli precedenti, non si esaurisce nella descrizione delle singole tecnologie che lo compongono. Intelligenza artificiale, big data, blockchain, biotecnologie, quantum computing e robotica non sono, infatti, entità separate che operano in modo isolato, ma tessere di un mosaico complesso e interconnesso, un vero e proprio ecosistema tecnologico in cui ogni elemento si integra e si potenzia con gli altri. Per comprendere appieno la portata di questa rivoluzione, è quindi fondamentale analizzare le sinergie che si creano tra queste tecnologie e il modo in cui la loro convergenza sta amplificando a dismisura le capacità dell'algoritmo del potere.

Per illustrare questo concetto, possiamo usare un'analogia tratta dal mondo naturale. Pensiamo a una foresta pluviale: un ecosistema ricco e complesso, composto da una straordinaria varietà di specie animali e vegetali che interagiscono tra loro in molteplici modi. Ogni specie ha il suo ruolo, ma è l'interazione tra tutte le specie - la rete di relazioni, dipendenze e scambi - che crea la ricchezza e la resilienza dell'intero ecosistema. Un singolo albero, per quanto maestoso, non può eguagliare la complessità e la vitalità di una foresta.

Allo stesso modo, l'algoritmo del potere nell'era della convergenza tecnologica non è semplicemente la somma delle singole tecnologie, ma il risultato di un'interazione sinergica che genera capacità e possibilità completamente nuove. L'intelligenza artificiale, come abbiamo visto, agisce come il "cervello" del sistema, elaborando le informazioni e prendendo decisioni. I big data rappresentano il "carburante", la materia prima che alimenta l'IA e le fornisce la base di conoscenza su cui operare. La blockchain agisce come un "garante" di fiducia e trasparenza, certificando la provenienza dei dati e la correttezza delle transazioni. Le biotecnologie aprono la strada alla manipolazione diretta della materia vivente, mentre il quantum computing promette di fornire una potenza di calcolo inimmaginabile, accelerando l'intero processo. E la robotica, con la sua capacità di automazione intelligente e di interazione fisica con il mondo reale, si configura come il "braccio" operativo dell'algoritmo del potere, il mezzo attraverso cui le decisioni e le elaborazioni delle altre tecnologie si traducono in azioni concrete.

Questa interazione non è statica, ma dinamica e in continua evoluzione. Ogni progresso in un campo alimenta e stimola gli sviluppi negli altri, creando un circolo virtuoso di innovazione. Ad esempio, i progressi nell'IA permettono di analizzare in modo più efficace i big data generati dalle biotecnologie, portando a nuove scoperte in campo medico. Queste scoperte, a loro volta, possono essere utilizzate per sviluppare nuovi algoritmi di IA o per progettare sistemi biologici artificiali con l'ausilio della biologia sintetica. Il quantum computing, dal canto suo, fornirà la potenza di calcolo necessaria per addestrare IA sempre più complesse e per simulare sistemi biologici con una precisione mai vista prima. E la blockchain potrà garantire la sicurezza e la tracciabilità di tutto il processo, dalla raccolta dei dati alla condivisione dei risultati. La robotica, infine, permetterà di automatizzare procedure di laboratorio, di somministrare terapie in modo più preciso e di creare dispositivi medici sempre più sofisticati e integrati con le altre tecnologie.

Un esempio concreto di questa convergenza è il campo della medicina personalizzata, un settore che sta vivendo una vera e propria rivoluzione grazie all'integrazione di queste tecnologie. Immaginate un futuro in cui, grazie a un semplice esame del sangue, un medico possa accedere a una vastissima mole di dati sanitari (big data), analizzati da un'intelligenza artificiale in grado di individuare con precisione il rischio di sviluppare determinate malattie, tenendo conto del vostro profilo genetico, delle vostre abitudini di vita e di una serie infinita di altri fattori. Questo è già possibile, in parte, grazie a società come 23andMe, che analizzano il DNA dei loro clienti per fornire informazioni sulla loro predisposizione genetica a determinate malattie, e a società come Tempus, che utilizzano l'IA per analizzare dati clinici e genomici al fine di personalizzare i trattamenti oncologici.

Ma la vera rivoluzione arriverà quando queste tecnologie si integreranno completamente con le biotecnologie e la robotica, permettendo di sviluppare terapie "su misura" per ogni singolo paziente. Ad esempio, grazie all'editing genomico con CRISPR, sarà possibile correggere mutazioni genetiche che causano malattie ereditarie, o sviluppare immunoterapie personalizzate contro il cancro, utilizzando le cellule del paziente stesso. Aziende come CRISPR Therapeutics e Editas Medicine sono già impegnate in sperimentazioni cliniche in questo ambito, con risultati preliminari incoraggianti. Inoltre, robot chirurgici sempre più precisi e meno invasivi, guidati da intelligenze artificiali e alimentati da dati in tempo reale provenienti da sensori e imaging biomedico, permetteranno di eseguire interventi complessi con una precisione e un'efficacia senza precedenti. E grazie alla blockchain, potremo garantire che i dati sanitari sensibili dei pazienti siano conservati e condivisi in modo sicuro e trasparente, nel rispetto della privacy. "La convergenza di queste tecnologie sta creando un nuovo paradigma per la medicina", afferma Eric Topol, direttore dello Scripps Research Translational Institute, "in cui la prevenzione, la diagnosi e la cura saranno sempre più personalizzate e precise."

E per accelerare ulteriormente questo processo, entra in gioco il quantum computing. La capacità di simulare il comportamento di molecole e di cellule a livello quantistico permetterà di progettare farmaci in modo più rapido ed efficiente, di prevederne l'efficacia e di ridurre gli effetti collaterali. "Il quantum computing ci permetterà di affrontare problemi di una complessità tale che oggi possiamo solo sognare di risolverli", afferma Dario Gil, direttore di IBM Research.

L'ecosistema convergente, quindi, non è solo un'astrazione teorica, ma una realtà in rapida evoluzione, che sta già iniziando a trasformare settori chiave come la sanità, la finanza, la logistica, la sicurezza e molti altri. Comprendere le dinamiche di questa convergenza e le sue implicazioni per il futuro dell'algoritmo del potere è fondamentale per governare questa trasformazione in modo responsabile ed equo.

SINGOLARITÀ TECNOLOGICA O SINGOLARITÀ UMANA?

Immaginiamo l'algoritmo del potere come un grande fiume che inizia la sua corsa con piccoli affluenti separati. All'origine, ogni tecnologia – l'intelligenza artificiale, i big data, la blockchain, le biotecnologie, la robotica, il quantum computing – è come un ruscello indipendente, con una sua identità e una direzione precisa. Ma, come ogni grande corso d'acqua, questi affluenti non rimangono separati per sempre: scendendo a valle, si uniscono, mescolano le loro acque e aumentano la portata del fiume. Questo fiume non è un semplice corso d'acqua: è un ecosistema convergente che erode le vecchie barriere tra scienze, economie e società. È una forza che scava solchi profondi e ridefinisce il paesaggio tecnologico e umano. Immaginate una corrente che, accelerando, trascina con sé ogni cosa: i confini tra l'uomo e la macchina, tra il fisico e il digitale, tra ciò che è naturale e ciò che è artificiale. È un fiume impetuoso che si avvicina a una cascata, a un punto di non ritorno, un momento in cui il mondo come lo conosciamo potrebbe essere trasformato in modo irreversibile.

All'orizzonte si profilano due cascate, due singolarità. La prima è quella tecnologica: un futuro in cui l'intelligenza artificiale supera l'intelletto umano. Questa visione, resa popolare da figure come Ray Kurzweil, immagina un momento in cui le macchine non solo eguagliano l'uomo nelle capacità intellettuali, ma iniziano a migliorarsi autonomamente, innescando una crescita esponenziale che sfugge al controllo umano. È il sogno – o l'incubo – della superintelligenza: un sistema capace di risolvere problemi al di là della nostra comprensione, ma anche di prendere decisioni che potrebbero minacciare la nostra esistenza. Per rendere questo scenario più concreto, pensiamo agli algoritmi attuali che già governano parti della nostra vita. Gli assistenti virtuali come Alexa e Siri apprendono continuamente dai nostri comportamenti, anticipando i nostri bisogni. Ora immaginate che questi sistemi diventino milioni di volte più intelligenti, capaci di prendere decisioni strategiche complesse, gestire economie globali o condurre operazioni militari senza intervento umano. Sarebbe come passare da un ruscello a un fiume in piena che spazza via ogni ostacolo. Ma questo potere ha un costo: chi controlla questa intelligenza? E cosa accade se nessuno può più farlo?

La seconda cascata, altrettanto affascinante e inquietante, è la singolarità umana. Questa non riguarda tanto le macchine, quanto noi stessi. Le biotecnologie, insieme all'intelligenza artificiale e al quantum computing, stanno fornendo strumenti per riscrivere il nostro DNA, migliorare le capacità cognitive e rallentare l'invecchiamento. Immaginate un mondo in cui malattie genetiche vengono eliminate alla nascita, in cui le persone possono aumentare la propria intelligenza o resistenza fisica con impianti neuronali o terapie avanzate. È un futuro in cui l'uomo potrebbe trascendere i propri limiti biologici, diventando qualcosa di nuovo: una "post-umanità".

Questo scenario, però, non è privo di dilemmi. Chi avrà accesso a queste tecnologie? Creeremo una società divisa tra potenziati e non potenziati? E cosa significa essere umani in un mondo in cui le capacità fondamentali – pensare, ricordare, sentire – possono essere potenziate artificialmente? Le implicazioni etiche e filosofiche sono immense, e ci costringono a confrontarci con domande che fino a pochi anni fa sembravano materia esclusiva di fantascienza.

Entrambi gli scenari – singolarità tecnologica e singolarità umana – condividono un aspetto cruciale: sono alimentati dalla convergenza delle tecnologie. Non è solo l'IA a guidare questo cambiamento, ma l'interazione tra più forze: i dati alimentano l'intelligenza artificiale, il quantum computing accelera i progressi, la blockchain garantisce la sicurezza e la fiducia, la robotica le applica nel mondo analogico e le biotecnologie espandono i campi di applicazione. È questo intreccio che rende il fiume dell'algoritmo del potere così imprevedibile e potenzialmente dirompente.

La domanda che rimane è se saremo in grado di governare e contenere questa corrente, di costruire dighe e canali per guidare il fiume verso un futuro che sia prospero per tutti. Oppure, come molti temono, se finiremo travolti dalla sua forza, spettatori impotenti di una trasformazione che non possiamo più controllare.

CAPITOLO 7
L'INELUTTABILE ASCESA

Di fronte all'accelerazione esponenziale dell'algoritmo del potere, una domanda sorge spontanea: possiamo fermare questo processo? Possiamo, in qualche modo, mettere un freno a questa corsa tecnologica che, pur promettendo straordinari progressi, prefigura anche scenari inquietanti e potenzialmente distopici? La risposta, per quanto scomoda possa essere, è probabilmente no. Non si tratta di disfattismo o di cieca fede nel progresso, ma di una constatazione basata su alcune caratteristiche intrinseche dell'innovazione tecnologica e sulla natura stessa dell'algoritmo del potere. Tentare di fermare l'evoluzione di queste tecnologie sarebbe come cercare di bloccare il vento con le mani, o di arginare un fiume in piena con un castello di sabbia.

L'irresistibile ascesa dell'algoritmo del potere, con la sua convergenza di tecnologie viste nei capitoli precedenti, non è un fenomeno inedito nella storia umana. Più volte, nel corso dei secoli, l'umanità si è trovata di fronte a innovazioni tecnologiche dirompenti, che hanno generato resistenze e timori, ma che si sono poi rivelate inarrestabili, rimodellando profondamente il tessuto sociale, economico e culturale. Queste tecnologie, sospinte da una combinazione di fattori, si sono affermate con la forza di un vento impetuoso, un vento del cambiamento che ha spazzato via ogni tentativo di opposizione, aprendo la strada a nuovi paradigmi e a nuove forme di civiltà.

Per comprendere appieno questa dinamica, possiamo di nuovo volgere lo sguardo, ad esempio, alla stampa a caratteri mobili, introdotta da Johannes Gutenberg in Europa intorno alla metà del XV secolo. Immaginiamo un mondo in cui la conoscenza era un bene raro e prezioso, gelosamente custodito da una ristretta élite di chierici e studiosi, che copiavano a mano, in laboriosi scriptoria, i testi antichi. La maggior parte della popolazione era analfabeta, e l'accesso ai libri era un privilegio inimmaginabile. La Chiesa Cattolica esercitava un ferreo controllo sulla produzione e diffusione del sapere, decidendo quali testi potessero essere copiati e quali dovessero essere censurati o distrutti.

L'invenzione di Gutenberg, una tecnologia all'apparenza semplice, quasi banale, sconvolse dalle fondamenta questo ordine secolare. Grazie ai caratteri mobili, divenne possibile riprodurre i testi in modo rapido, efficiente ed economico. I libri, da oggetti rari e costosi, iniziarono a diffondersi in strati sempre più ampi della popolazione. La Riforma protestante di Martin Lutero, con la sua enfasi sull'accesso diretto alle Scritture, trovò nella stampa un alleato formidabile: la Bibbia tradotta in volgare, stampata in migliaia di copie, divenne un'arma potentissima contro il monopolio culturale della Chiesa.

Ovviamente, la reazione delle autorità fu immediata e violenta. La Chiesa, vedendo minacciato il proprio potere, istituì l'Indice dei libri proibiti, un elenco di testi considerati eretici o immorali, la cui stampa, diffusione e lettura erano severamente vietate. Stampatori ed editori che osavano sfidare il divieto rischiavano la prigione, la tortura e persino la morte. Eppure, nonostante la censura e la persecuzione, la stampa continuò a diffondersi, inarrestabile. Era come cercare di fermare un fiume in piena con le mani: la forza delle idee, una volta messe in circolo, era troppo grande per essere contenuta. Nacquero stamperie clandestine, i libri proibiti venivano contrabbandati oltre confine, e la sete di conoscenza, alimentata dalla nuova tecnologia, cresceva di giorno in giorno. In meno di un secolo, la stampa aveva rivoluzionato l'Europa, contribuendo alla nascita dell'umanesimo, all'affermazione del metodo scientifico e alla diffusione di una nuova cultura basata sul libero esame e sul dibattito di idee.

Un altro esempio di tecnologia inarrestabile è la macchina a vapore, la forza motrice della Rivoluzione Industriale. Prima della sua invenzione, la produzione di beni era limitata dalla forza muscolare di uomini e animali, o dallo sfruttamento di fonti di energia naturali come il vento e l'acqua. La vita quotidiana era scandita dai ritmi lenti e faticosi del lavoro manuale, e la maggior parte della popolazione viveva in condizioni di estrema povertà. La macchina a vapore, perfezionata da James Watt nella seconda metà del XVIII secolo, cambiò tutto. Per la prima volta, l'uomo aveva a disposizione una fonte di energia potente, affidabile e indipendente dalle forze naturali.

Le prime applicazioni si ebbero nell'industria tessile, dove i telai meccanici azionati da macchine a vapore moltiplicarono la produttività, abbassando i costi e rendendo i tessuti accessibili a un numero sempre maggiore di persone. Ma la vera rivoluzione avvenne con l'applicazione della macchina a vapore ai trasporti: la nascita della locomotiva e del battello a vapore. Improvvisamente, le distanze si accorciarono, i viaggi divennero più rapidi e sicuri, e il commercio conobbe un'espansione senza precedenti. Il mondo, che per millenni era stato un mosaico di realtà locali scarsamente interconnesse, iniziò a trasformarsi in un sistema globale integrato, in cui merci, persone e idee circolavano con una velocità e una facilità mai viste prima.

Anche in questo caso, non mancarono le resistenze. I luddisti, in Inghilterra, distruggevano i telai meccanici, vedendoli come una minaccia per i loro posti di lavoro e per il loro stile di vita. Molti temevano che le ferrovie avrebbero inquinato le campagne e sconvolto l'ordine naturale delle cose. Eppure, la Rivoluzione Industriale, alimentata dalla potenza della macchina a vapore, si dimostrò inarrestabile. Le fabbriche si moltiplicarono, le città si espansero, nacquero nuove classi sociali e nuovi conflitti. Il mondo, nel bene e nel male, non sarebbe stato più lo stesso.

Un secolo dopo, l'avvento dell'elettricità aprì un nuovo capitolo nella storia del progresso tecnologico. L'illuminazione elettrica sostituì gradualmente le lampade a gas, cambiando il volto delle città e il ritmo della vita quotidiana. Le case si riempirono di elettrodomestici che liberavano tempo ed energie, soprattutto per le donne. La radio e il telefono, alimentati dall'elettricità, rivoluzionarono le comunicazioni, annullando le distanze e creando una nuova sfera pubblica globale. Anche in questo caso, ci furono timori e resistenze: molti consideravano l'elettricità una forza misteriosa e pericolosa, e le prime installazioni di lampioni elettrici furono accolte con diffidenza e ostilità. Ma i vantaggi dell'elettricità erano troppo evidenti, e la sua diffusione troppo rapida, per essere fermata.

Questi esempi, a cui potremmo aggiungere la rivoluzione agricola, l'invenzione dell'automobile e, più recentemente, l'avvento di Internet e degli smartphone, dimostrano come il progresso tecnologico, pur tra mille contraddizioni e con costi sociali a volte elevati, segua un suo percorso che è difficile da arrestare, quando risponde a bisogni profondi o offre vantaggi significativi. L'algoritmo del potere, con la sua capacità di elaborare informazioni, automatizzare processi e potenziare le capacità umane, non fa eccezione a questa regola. La sua ascesa è ineluttabile, non perché sia intrinsecamente buono o cattivo, ma perché rappresenta una risposta a esigenze profonde della società umana, come la cura di malattie, l'energia infinita, l'elaborazione di dati complessa, la potenza militare, e tanto altro, ed anche perché le forze che ne alimentano lo sviluppo sono ormai troppo potenti e diffuse per essere fermate.

LA NATURA DISTRIBUITA DELL'INNOVAZIONE

Se la storia ci insegna che fermare il progresso tecnologico è pressoché impossibile, l'analisi della natura stessa dell'algoritmo del potere rafforza ulteriormente questa convinzione. A differenza di altre tecnologie del passato, spesso sviluppate e controllate da singole entità, come un'azienda o uno stato, l'algoritmo del potere è il frutto di una convergenza di tecnologie sviluppate in modo distribuito e interconnesso a livello globale. Esso non è un monolite, controllato da un singolo punto di comando, ma piuttosto un organismo complesso e in continua evoluzione, alimentato da innumerevoli centri di innovazione sparsi per il mondo.

Prendiamo ad esempio il movimento open source, che ha avuto un ruolo fondamentale nello sviluppo di tutte le tecnologie che compongono l'algoritmo del potere. Linux, il sistema operativo open source più diffuso al mondo, è alla base di innumerevoli server che gestiscono big data e applicazioni di intelligenza artificiale. Molti degli algoritmi di machine learning più avanzati sono sviluppati e condivisi in modo aperto, accessibili a chiunque voglia utilizzarli o migliorarli. Lo stesso vale per la blockchain, la cui tecnologia di base è open source e liberamente utilizzabile. Questo approccio collaborativo e decentralizzato alla creazione di software ha permesso a migliaia di sviluppatori in tutto il mondo di contribuire all'evoluzione dell'algoritmo del potere, rendendolo di fatto un progetto collettivo e non controllabile da un'unica entità.

Un altro esempio di questa natura distribuita dell'innovazione è la rapida diffusione delle criptovalute e dei sistemi decentralizzati basati su blockchain. Nonostante i tentativi di regolamentazione e di controllo da parte di governi e istituzioni finanziarie, l'ecosistema delle criptovalute continua a crescere e a diversificarsi, alimentato da una comunità globale di sviluppatori, investitori e utilizzatori che credono nel potenziale di questa tecnologia per creare un sistema finanziario più aperto, equo e trasparente. Il Bitcoin, la prima e più famosa criptovaluta, è stato creato da un singolo individuo (o un gruppo di individui) sotto lo pseudonimo di Satoshi Nakamoto, e da allora si è sviluppato grazie al contributo di migliaia di sviluppatori in tutto il mondo, senza alcun controllo centrale.

Anche la ricerca sull'intelligenza artificiale, pur vedendo un ruolo predominante di grandi aziende come Google, Facebook e Microsoft, è alimentata da una vasta comunità scientifica internazionale, che pubblica liberamente i propri risultati e condivide i propri dati e algoritmi. Le università e i centri di ricerca di tutto il mondo contribuiscono in modo fondamentale al progresso dell'IA, formando nuove generazioni di ricercatori e sviluppando nuove tecniche di apprendimento automatico.

Questa natura distribuita, interconnessa e aperta dell'innovazione rende l'algoritmo del potere estremamente difficile da controllare o da fermare. Anche se un governo o un'organizzazione decidesse di vietare o limitare lo sviluppo di una determinata tecnologia, come l'intelligenza artificiale o la blockchain, sarebbe quasi impossibile impedire che altri, in altre parti del mondo, continuino a lavorarci. La conoscenza e le competenze necessarie per sviluppare queste tecnologie sono ormai diffuse a livello globale, e i canali di comunicazione e di collaborazione scientifica sono troppo ampi e ramificati per essere efficacemente controllati.

Inoltre, l'interdipendenza tra le diverse tecnologie che compongono l'algoritmo del potere crea un effetto di "traino" reciproco. I progressi nell'intelligenza artificiale, ad esempio, stimolano la domanda di big data e di potenza di calcolo, favorendo di conseguenza lo sviluppo di hardware più performanti e di tecniche di analisi dati più sofisticate. Allo stesso modo, la diffusione della blockchain crea nuove opportunità per l'applicazione dell'IA e per la gestione sicura dei dati. Questo circolo virtuoso rende ancora più difficile isolare e fermare una singola tecnologia, in quanto significherebbe bloccare l'intero ecosistema.

Tornando alla metafora del fiume, è come se ogni affluente, pur seguendo un suo corso, contribuisse ad alimentare la portata e la forza del fiume principale. Anche se si riuscisse a costruire una diga su uno degli affluenti, il fiume continuerebbe a scorrere, alimentato dagli altri. E la diga stessa sarebbe probabilmente aggirata o travolta dalla forza collettiva del fiume, che troverebbe nuove strade per proseguire il suo cammino. L'algoritmo del potere, con la sua natura distribuita e interconnessa, è un fiume in piena che non può essere arginato con mezzi convenzionali.

DOMANDA E OFFERTA DI POTERE

Oltre alla natura distribuita dell'innovazione, a rendere inarrestabile l'ascesa dell'algoritmo del potere contribuiscono potenti forze economiche e sociali, che agiscono sia sul lato della domanda che su quello dell'offerta di tecnologie sempre più avanzate. Queste forze, profondamente radicate nella struttura stessa delle società contemporanee, creano un circolo virtuoso che autoalimenta lo sviluppo e la diffusione di intelligenza artificiale, big data, blockchain e delle altre componenti dell'ecosistema convergente.

Sul fronte della domanda, è in atto una trasformazione epocale dei bisogni e delle aspettative di individui, aziende e governi. A livello individuale, la pervasività di Internet, degli smartphone e dei social media ha creato una cultura dell'immediatezza, della personalizzazione e dell'interconnessione costante. Vogliamo tutto e subito, desideriamo servizi su misura per le nostre esigenze, e siamo sempre più abituati a interagire con sistemi digitali intelligenti che anticipano i nostri bisogni e semplificano la nostra vita. Pensiamo alla comodità di avere un assistente virtuale che risponde ai nostri comandi vocali, di ricevere suggerimenti personalizzati per i nostri acquisti online, o di utilizzare un navigatore satellitare che ci indica il percorso più veloce per raggiungere la nostra destinazione. Queste esperienze, ormai entrate a far parte della nostra quotidianità, alimentano una domanda crescente di tecnologie ancora più sofisticate e performanti.

Le aziende, dal canto loro, sono spinte da una competizione globale sempre più serrata a ricercare costantemente nuovi modi per ottimizzare i processi, ridurre i costi, aumentare la produttività e conquistare nuovi mercati. L'algoritmo del potere offre loro strumenti potentissimi per raggiungere questi obiettivi. L'intelligenza artificiale, ad esempio, permette di automatizzare compiti prima svolti da umani, di analizzare enormi quantità di dati per individuare trend di mercato e di personalizzare l'offerta per ogni singolo cliente. I big data consentono di monitorare in tempo reale l'intera catena del valore, di prevedere la domanda con maggiore accuratezza e di ottimizzare la logistica. La blockchain promette di rendere più efficienti e sicure le transazioni, riducendo i costi di intermediazione e aumentando la trasparenza. In questo contesto, le aziende che non adottano queste tecnologie rischiano di perdere rapidamente competitività e di essere tagliate fuori dal mercato. È emblematico il caso di Kodak, un tempo leader indiscusso nel settore della fotografia, che non seppe cogliere l'opportunità del digitale e andò in bancarotta, mentre aziende come Instagram e Facebook, che facevano perno sul digitale, decollavano.

Anche i governi sono sempre più consapevoli dell'importanza strategica dell'algoritmo del potere, sia per quanto riguarda la crescita economica che la sicurezza nazionale. Da un lato, le tecnologie convergenti offrono nuove opportunità per migliorare l'efficienza della pubblica amministrazione, per offrire servizi pubblici più personalizzati e per gestire in modo più efficace le risorse. Dall'altro lato, l'IA, i big data e il quantum computing sono visti come strumenti essenziali per mantenere la propria competitività a livello geopolitico e per garantire la sicurezza dei propri cittadini. Questo ha portato a una vera e propria "corsa agli armamenti" tecnologica, in cui le grandi potenze mondiali, come Stati Uniti, Cina e Unione Europea, investono massicciamente nello sviluppo di queste tecnologie, nella convinzione che chi controllerà l'algoritmo del potere controllerà anche il futuro.

Sul fronte dell'offerta, troviamo un'industria tecnologica globale in piena espansione, che ha tutto l'interesse a promuovere l'adozione e la diffusione dell'algoritmo del potere. Le aziende tecnologiche, grandi e piccole, investono ingenti risorse in ricerca e sviluppo, consapevoli che la posta in gioco è altissima. La competizione tra aziende è feroce, e questo spinge a innovare costantemente e a immettere sul mercato prodotti e servizi sempre più avanzati, alimentando un ciclo di feedback positivo con la domanda.

Questo circolo virtuoso tra domanda e offerta è ulteriormente amplificato dalla natura stessa delle tecnologie digitali, che tendono a diventare più potenti e meno costose nel tempo, seguendo la famosa Legge di Moore. Questa legge empirica, formulata da Gordon Moore, co-fondatore di Intel, negli anni '60, afferma che la potenza di calcolo dei microprocessori raddoppia all'incirca ogni due anni, a parità di costo. Sebbene la Legge di Moore si riferisca specificamente ai circuiti integrati, il suo principio di base - la crescita esponenziale delle capacità tecnologiche a costi decrescenti - si applica, in una certa misura, a tutte le componenti dell'algoritmo del potere.

L'effetto combinato di queste forze economiche e sociali

crea un ambiente in cui l'innovazione tecnologica non solo è incoraggiata, ma diventa quasi inevitabile. Ogni nuovo progresso, ogni nuova applicazione dell'algoritmo del potere genera ulteriore domanda, stimolando nuovi investimenti e accelerando ulteriormente il ritmo del cambiamento. È come se l'algoritmo del potere, una volta innescato, si autoalimentasse, crescendo a un ritmo sempre più sostenuto e diventando sempre più pervasivo in ogni aspetto della nostra vita.

Mentre scrivo questo libro è stata rilasciata l'AI DeepSeek, una startup cinese che ha lanciato il suo modello di linguaggio avanzato DeepSeek-R1, e che ha dimostrato come l'innovazione possa abbattere drasticamente i costi, offrendo prestazioni competitive con un budget significativamente inferiore rispetto ai colossi del settore. Con soli 6 milioni di dollari, DeepSeek ha sviluppato un modello che ha rapidamente scalato le classifiche, diventando l'applicazione AI gratuita più scaricata negli Stati Uniti, in contrasto con il costo di addestramento stimato di OpenAI GPT-4, che si aggira attorno ai 100 milioni di dollari o più.

L'approccio di DeepSeek dimostra che il futuro dell'IA non dipenderà solo dall'incremento della potenza di calcolo, ma soprattutto dall'ottimizzazione degli algoritmi e dall'efficienza nell'uso delle risorse computazionali. Le tecnologie open-source, le nuove architetture di rete neurale e la democratizzazione dell'accesso ai dati stanno rendendo possibili modelli capaci di offrire prestazioni avanzate a costi una volta impensabili.

Tuttavia, questo cambiamento porta con sé nuove sfide. La rapidità con cui modelli come DeepSeek-R1 si diffondono solleva interrogativi su sicurezza e governance. La stessa azienda ha recentemente dichiarato di aver subito attacchi informatici su larga scala, costringendola a limitare le registrazioni di nuovi utenti. Con la proliferazione di soluzioni IA a basso costo, cresce il rischio di un utilizzo improprio da parte di attori non regolamentati, rendendo necessaria una governance più attenta per evitare possibili abusi.

Nel panorama tecnologico in continua evoluzione, dove i costi di addestramento si stanno riducendo drasticamente e il potere computazionale diventa sempre più distribuito, la sfida principale sarà bilanciare l'accessibilità dell'IA con la sicurezza e l'etica. La convergenza tra ottimizzazione software e scalabilità hardware ridefinirà il concetto stesso di innovazione tecnologica, creando nuove opportunità ma anche tensioni nei mercati globali.

In questo contesto, appare evidente come i tentativi di fermare o di rallentare significativamente lo sviluppo dell'algoritmo del potere siano destinati a fallire. La spinta verso un futuro sempre più tecnologico, guidato da queste forze convergenti, è semplicemente troppo forte, troppo radicata nelle dinamiche economiche e sociali del nostro tempo. Piuttosto che opporci a questa ondata di innovazione, dobbiamo imparare a cavalcarla, a indirizzarla verso i nostri obiettivi, a governarla in modo responsabile ed etico.

L'ILLUSIONE DEL CONTROLLO CENTRALIZZATO

Se le forze economiche e sociali che alimentano l'algoritmo del potere sono potenti, i tentativi di esercitare un controllo centralizzato e dall'alto su questa tecnologia appaiono velleitari e destinati, con ogni probabilità, al fallimento. La storia recente, in particolare quella legata allo sviluppo di Internet e delle tecnologie digitali, è ricca di esempi di come l'innovazione tecnologica, una volta innescata, sfugga a ogni tentativo di repressione e trovi comunque il modo di emergere e diffondersi, spesso in modo incontrollato e con conseguenze inaspettate.

Come visto in precedenza, un primo esempio significativo è la nascita e la diffusione del software open source. Fin dagli albori dell'informatica, il modello dominante di sviluppo del software era quello proprietario: aziende come Microsoft o IBM sviluppavano i loro sistemi operativi e le loro applicazioni in modo chiuso, proteggendoli con brevetti e copyright e vendendoli come prodotti commerciali. Negli anni '80 e '90, però, emerse un movimento alternativo, basato sull'idea di un software "libero" e "aperto", il cui codice sorgente fosse accessibile a tutti, modificabile e ridistribuibile senza restrizioni. Questo movimento, guidato da figure come Richard Stallman e Linus Torvalds, diede vita a progetti come GNU e Linux, che sfidavano apertamente il predominio delle aziende software tradizionali.

Inizialmente, il software open source fu visto con sospetto e sufficienza dall'industria informatica mainstream. Molti ritenevano che un modello di sviluppo basato sulla collaborazione volontaria e sulla condivisione gratuita del codice non potesse competere con quello delle aziende commerciali, che investivano ingenti risorse in ricerca e sviluppo. Eppure, contro ogni previsione, il software open source si è affermato come una forza trainante dell'innovazione tecnologica. Oggi, gran parte dell'infrastruttura di Internet, dai server web ai sistemi operativi per smartphone, si basa su software open source. Linux, in particolare, è diventato il sistema operativo dominante nei server e nei supercomputer, dimostrando la superiorità del modello open source in termini di affidabilità, sicurezza e adattabilità.

Un altro esempio emblematico è la diffusione della crittografia asimmetrica, in particolare del PGP (Pretty Good Privacy), negli anni '90. Questa tecnologia, che permette di cifrare i messaggi in modo che solo il destinatario possa leggerli, rappresentava una potenziale minaccia per i governi e le agenzie di intelligence, che temevano di perdere la capacità di intercettare le comunicazioni. Negli Stati Uniti, il governo cercò di limitare la diffusione del PGP, classificandolo come "munizione" e vietandone l'esportazione. Il suo creatore, Phil

Zimmermann, fu oggetto di un'indagine penale durata tre anni. Nonostante questi tentativi di controllo, il PGP si diffuse rapidamente in tutto il mondo, grazie alla sua pubblicazione online e all'impegno di una comunità di attivisti e sviluppatori che ne riconoscevano l'importanza per la tutela della privacy e della libertà di espressione. La vicenda del PGP dimostrò chiaramente come, nell'era di Internet, fosse diventato estremamente difficile per un singolo governo controllare la diffusione di una tecnologia, soprattutto quando questa rispondeva a un'esigenza sentita da molti utenti.

Più recentemente, l'avvento di Internet ha fornito un esempio lampante di come sia difficile controllare l'innovazione tecnologica in un mondo interconnesso. Nonostante i tentativi di alcuni governi di censurare la Rete, di limitarne l'accesso o di controllarne i contenuti, Internet si è dimostrata uno strumento potentissimo di diffusione delle informazioni, di mobilitazione sociale e di espressione individuale, sfuggendo a ogni tentativo di controllo centralizzato. La "Grande Muraglia digitale" cinese, il sofisticato sistema di censura e sorveglianza online implementato dal governo di Pechino, rappresenta forse il tentativo più ambizioso di controllare Internet su scala nazionale. Questo sistema utilizza tecnologie avanzate come il deep packet inspection, il filtraggio dei contenuti e il blocco delle VPN per monitorare e censurare il traffico online, impedendo l'accesso a siti e informazioni considerati sensibili o sovversivi dal regime. Eppure, nonostante l'impiego di ingenti risorse tecnologiche e umane, il governo cinese non è mai riuscito a isolare completamente i propri cittadini dal flusso globale di informazioni e di idee. Milioni di cinesi utilizzano regolarmente VPN e altri strumenti per aggirare la censura e accedere a contenuti bloccati, dimostrando l'insopprimibile desiderio di libertà di informazione e di espressione che caratterizza la natura umana.

In questo contesto, la vicenda di WikiLeaks ha ulteriormente messo in luce l'impossibilità di controllare il flusso di informazioni nell'era digitale. Questa organizzazione, fondata da Julian Assange, ha pubblicato centinaia di migliaia di documenti riservati, provenienti da governi e aziende di tutto il mondo, svelando segreti militari, diplomatici e commerciali. Nonostante gli sforzi dei governi coinvolti per fermare Wiki-Leaks, chiudendone i siti web, bloccandone i finanziamenti e perseguendo legalmente i suoi membri, l'organizzazione è riuscita a sopravvivere e a continuare la sua attività, grazie al sostegno di una rete globale di attivisti, giornalisti e semplici cittadini che ne condividevano gli ideali. La vicenda di Wiki-Leaks, così come la diffusione di strumenti per aggirare la censura online in Cina, ha dimostrato come, nell'era di Internet, sia diventato quasi impossibile impedire la diffusione di informazioni, anche di quelle più sensibili e riservate.

Questi esempi storici dimostrano come l'innovazione tecnologica, una volta innescata, sia estremamente difficile da fermare o da controllare in modo centralizzato. Essa tende a seguire percorsi imprevedibili, a diffondersi in modo capillare e a generare effetti inattesi, spesso sfuggendo al controllo di chi vorrebbe limitarla o indirizzarla secondo i propri interessi. In un mondo globalizzato e interconnesso come quello attuale, in cui la conoscenza e le competenze tecnologiche sono sempre più diffuse, ogni tentativo di imporre un controllo dall'alto sull'algoritmo del potere appare non solo velleitario, ma anche pericolosamente ingenuo.

CAPITOLO 8
DEMOCRATIZZAZIONE E POLARIZZAZIONE DEL POTERE

S e l'algoritmo del potere rappresenta la nuova frontiera del progresso tecnologico, è lecito chiedersi: chi avrà accesso a questa frontiera? Chi saranno i beneficiari di questa straordinaria ondata di innovazione? E chi, invece, rischierà di rimanerne escluso, o peggio, di subirne le conseguenze negative?

Per rispondere a queste domande, è fondamentale partire da una constatazione: viviamo in un'epoca di straordinaria accessibilità tecnologica, almeno in termini di diffusione di dispositivi e servizi digitali. Questa accessibilità, impensabile solo pochi decenni fa, è stata resa possibile in primo luogo da Internet, la rete globale che ha connesso miliardi di persone, e in secondo luogo dall'avvento degli smartphone, dispositivi potenti e versatili che hanno portato la connettività e la potenza di calcolo nelle tasche di gran parte della popolazione mondiale.

Per comprendere la portata di questo cambiamento, proviamo a fare un salto indietro nel tempo. Immaginiamo gli anni '80, quando i computer erano macchine ingombranti e costose, riservate a una ristretta élite di professionisti e appassionati. L'accesso a Internet era limitato a pochi centri di ricerca e università, e richiedeva competenze tecniche non comuni. La maggior parte delle persone non aveva mai visto un computer, né tantomeno immaginava che un giorno sarebbe diventato uno strumento di uso quotidiano.

Oggi, nel 2024, si stima che oltre 5 miliardi di persone, circa il 63% della popolazione mondiale, utilizzino Internet regolarmente. E la maggior parte di loro vi accede tramite dispositivi mobili, in particolare smartphone. Questo significa che più della metà degli abitanti del pianeta ha in tasca o in borsa un dispositivo più potente di un computer di pochi decenni fa, connesso a una rete globale di informazioni e servizi.

Questa diffusione capillare di tecnologie digitali rappresenta un cambiamento epocale rispetto al passato, quando l'accesso alle tecnologie più avanzate era limitato a una ristretta élite economica, scientifica o militare. Basti pensare, ad esempio, ai primi computer, macchinari enormi e costosissimi, accessibili solo a grandi aziende o enti di ricerca. O alle prime macchine fotografiche, che richiedevano competenze specialistiche e attrezzature ingombranti. Anche la televisione, un'invenzione che ha rivoluzionato la comunicazione e l'intrattenimento nel XX secolo, era inizialmente un bene di lusso, riservato a pochi.

Internet, invece, ha progressivamente abbattuto molte barriere all'ingresso, rendendo disponibili a un pubblico vastissimo strumenti e risorse un tempo inaccessibili. Questo ha avuto un impatto profondo in molti ambiti, dalla comunicazione all'educazione, dall'intrattenimento al commercio, dalla partecipazione politica all'attivismo sociale.

Prendiamo ad esempio l'accesso all'informazione. Prima di Internet, per informarsi su un qualsiasi argomento bisognava recarsi in una biblioteca, consultare libri e enciclopedie, o affidarsi ai media tradizionali come giornali, radio e televisione. Oggi, grazie a Internet, chiunque abbia una connessione può accedere a una quantità sterminata di informazioni su qualsiasi argomento, in modo istantaneo e spesso gratuito. Questo ha democratizzato l'accesso alla conoscenza in un modo che non ha precedenti nella storia umana.

O pensiamo all'impatto di Internet sull'educazione. Troviamo in rete piattaforme che offrono corsi online gratuiti o a basso costo su una vastissima gamma di materie, tenuti da docenti di università prestigiose. Questo ha permesso a milioni di persone in tutto il mondo di accedere a un'istruzione di qualità, indipendentemente dalla loro posizione geografica o dalle loro disponibilità economiche. Anche la semplice possibilità di accedere a tutorial online, o di partecipare a forum di discussione su specifici argomenti, ha ampliato enormemente le opportunità di apprendimento informale.

E ancora, consideriamo il ruolo dei social media nel facilitare la comunicazione e la mobilitazione sociale. Piattaforme come Facebook, Twitter e Instagram hanno permesso a individui e gruppi di organizzarsi, di condividere idee e di coordinare azioni collettive con una rapidità e una facilità impensabili in passato. Le primavere arabe del 2011, ad esempio, sono state in parte facilitate dall'uso dei social media come strumento di mobilitazione e di diffusione delle informazioni, al di fuori dei canali controllati dai regimi.

In questo contesto, anche le tecnologie che compongono l'algoritmo del potere, stanno diventando sempre più accessibili. Piattaforme di cloud computing come Amazon Web Services, Google Cloud e Microsoft Azure offrono servizi di IA e di analisi dati a prezzi sempre più bassi, permettendo anche a piccole imprese e a singoli individui di utilizzare queste tecnologie senza dover investire in costose infrastrutture. Strumenti di sviluppo software open source, come TensorFlow e PyTorch, mettono a disposizione di tutti, gratuitamente, potenti framework per la creazione di modelli di machine learning. E la diffusione di corsi online e di tutorial gratuiti su queste tematiche contribuisce a formare una nuova

generazione di sviluppatori e di data scientist, non più limitata ai grandi centri di ricerca o alle aziende tecnologiche più
ricche.

Questa democratizzazione dell'accesso alle tecnologie
digitali è un fenomeno di portata storica, che ha il potenziale
di ridurre le disuguaglianze e di favorire uno sviluppo più
inclusivo e partecipativo. Tuttavia, come vedremo più avanti,
l'accessibilità tecnologica è solo una parte della storia, e non è
sufficiente a garantire che i benefici dell'algoritmo del potere
siano equamente distribuiti.

IL PARADOSSO DELL'OMOGENEIZZAZIONE TECNOLOGICA

L'ampia diffusione delle tecnologie digitali, in particolare
degli smartphone, ha creato una situazione paradossale.
Miliardi di persone in tutto il mondo oggi hanno accesso a
dispositivi potenti e connessi, rendendo Internet e le tecnologie avanzate fenomeni di massa. Questa democratizzazione
dell'accesso non si è tradotta in una reale differenziazione
tecnologica tra gli individui. Oggi, il vero divario tecnologico
non è tra chi possiede uno smartphone economico e chi ne
possiede uno di fascia alta, ma tra chi ha il potere di sviluppare, controllare e sfruttare l'algoritmo del potere su larga
scala, e chi ne è semplicemente un utente.

Per comprendere meglio questo paradosso, possiamo
immaginare un'autostrada a dieci corsie. Su questa autostrada viaggiano veicoli di ogni tipo: utilitarie, berline di
lusso, camion, motociclette. Sebbene le prestazioni e il costo
di questi veicoli varino enormemente, tutti condividono la
stessa infrastruttura, percorrendo le stesse corsie e raggiun-
gendo le stesse destinazioni. Una Ferrari potrebbe arrivare
più velocemente, ma una vecchia utilitaria può comunque
completare lo stesso percorso. Ecco, gli smartphone di oggi
sono come i veicoli di questa autostrada digitale. Ci sono

dispositivi di diverse fasce di prezzo, dai più economici da poche centinaia di euro ai top di gamma come l'iPhone di ultima generazione, che può costare quasi duemila euro. Tuttavia, indipendentemente dal prezzo o dalla marca, tutti gli smartphone permettono di accedere alle stesse applicazioni, navigare su Internet, utilizzare i social media, scattare foto e sfruttare i servizi di localizzazione. Questa omogeneizzazione tecnologica rende le differenze tra dispositivi meno significative rispetto al passato.

Un aspetto interessante di questa democratizzazione è che persino i modelli più avanzati di smartphone sono relativamente accessibili. Un iPhone di ultima generazione, con il massimo delle specifiche tecniche, può essere acquistato sia da un miliardario che da una persona con un reddito medio o basso, magari grazie a un contratto telefonico o a un piccolo finanziamento. Questo contrasta con altri beni di lusso come automobili, yacht o proprietà immobiliari, dove il divario di accesso tra le fasce sociali è abissale. Anche la tecnologia individuale di base, come i computer, segue un percorso simile: è vero che esistono macchine costosissime destinate a scopi industriali o scientifici, ma per programmare, utilizzare intelligenze artificiali o scrivere algoritmi complessi, un laptop da poche centinaia di euro può essere più che sufficiente.

Questa democratizzazione non si limita agli smartphone e ai computer. Un esempio emblematico viene dal campo delle biotecnologie. Oggi, esistono dispositivi relativamente economici che permettono di effettuare operazioni straordinarie a livello genetico. Uno di questi è un macchinario prodotto nel Regno Unito, che consente di creare o modificare sequenze di DNA con una precisione impressionante. Con un costo di poche migliaia di euro, questo strumento rende accessibili pratiche che un tempo erano riservate ai laboratori più avanzati.

Questo fenomeno di accessibilità ha profonde implicazioni sociali ed economiche. Da un lato, riduce le barriere per chi vuole accedere alla tecnologia e sfruttarne il potenziale. Dall'altro, evidenzia come il potere reale non risieda tanto nel possesso di un dispositivo quanto nella capacità di controllare e utilizzare le infrastrutture e gli ecosistemi che lo supportano. La vera frontiera del potere non è nella scelta tra uno smartphone da cento euro e uno da oltre mille, ma nell'accesso ai dati, all'utilizzo di algoritmi e alle reti che definiscono l'ecosistema tecnologico globale.

RISCHI DELLA DEMOCRATIZZAZIONE APPARENTE

L'invasione russa dell'Ucraina del 2022, tra le sue molteplici e tragiche conseguenze, ha offerto una dimostrazione lampante di come la democratizzazione della tecnologia possa alterare radicalmente gli equilibri di potere, in modi prima impensabili. Ricordiamo tutti le immagini, diffuse dai media di tutto il mondo, della lunghissima colonna di mezzi militari russi, lunga oltre quaranta chilometri, che nelle prime fasi del conflitto si dirigeva verso Kiev. Un'avanzata gigantesca, forse il più grande dispiegamento di mezzi e uomini militari dal dopoguerra che, nelle intenzioni di chi l'aveva ordinata, avrebbe dovuto travolgere le difese ucraine e portare a una rapida conquista della capitale.

Eppure, nonostante la sproporzione di forze in campo, quella colonna corazzata, simbolo di una potenza militare apparentemente inarrestabile, è stata bloccata e in parte distrutta, grazie all'impiego massiccio di droni, spesso di tipo commerciale, modificati per trasportare esplosivi e guidati a distanza. Piccoli dispositivi, acquistabili online per poche centinaia di euro, pilotati da remoto grazie a tecnologie di comunicazione satellitare come Starlink, si sono rivelati armi efficaci contro carri armati e mezzi blindati dal costo di milioni di dollari.

Quella che doveva essere una "guerra lampo" si è trasformata in un conflitto che, dopo oltre due anni, vede ancora l'Ucraina resistere all'invasione di una superpotenza militare. La Russia, nonostante la sua immensa forza militare convenzionale e le sue risorse economiche, si è trovata a fronteggiare un avversario che, grazie all'uso innovativo di tecnologie accessibili e democratiche, è riuscito a bilanciare almeno in parte l'enorme disparità di forze in campo. Droni commerciali modificati, sistemi di comunicazione satellitare civili e software open source hanno dimostrato come, nell'era dell'algoritmo del potere, anche le più grandi asimmetrie militari possono essere contrastate attraverso l'uso creativo della tecnologia democratizzata.

Questo esempio, per quanto circoscritto a un contesto bellico, ci offre una chiave di lettura fondamentale per comprendere i rischi insiti nella democratizzazione delle tecnologie che compongono l'algoritmo del potere. Se l'accessibilità universale delle tecnologie digitali, come gli smartphone, crea l'illusione di una democratizzazione del potere, un'analisi più attenta rivela come questa omologazione tecnologica nasconda in realtà nuove forme di disuguaglianza e pericoli prima inimmaginabili. La facilità di accesso a strumenti apparentemente simili per tutti, infatti, non si traduce automaticamente in un'equa distribuzione delle opportunità, né tantomeno in un reale bilanciamento del potere nell'era dell'algoritmo.

Uno dei principali rischi è proprio quello di confondere l'accesso con la competenza e con il potere reale. Possedere uno smartphone, o avere un profilo su un social network, non significa automaticamente saper utilizzare queste tecnologie in modo critico, consapevole e produttivo. La data literacy, ovvero la capacità di comprendere, analizzare e utilizzare i dati in modo efficace, diventa quindi un fattore discriminante fondamentale. Chi possiede questa competenza può trarre vantaggio dalle opportunità offerte dall'algoritmo del potere, navigando in modo consapevole nel mare di informazioni, proteggendo la propria privacy e utilizzando i dati a proprio favore. Chi ne è privo, invece, rischia di rimanere ai margini, di essere vittima di manipolazioni o di subire passivamente le decisioni algoritmiche, senza comprenderne appieno le logiche.

Ma c'è un rischio ancora più grande, che l'esempio dei droni in Ucraina ci aiuta a comprendere: la diffusione di tecnologie potenti e a basso costo, facilmente reperibili e utilizzabili, può mettere strumenti di enorme impatto nelle mani di chiunque, con conseguenze potenzialmente catastrofiche. A differenza dell'energia nucleare, una tecnologia con un potenziale distruttivo enorme ma che richiede ingenti investimenti, competenze altamente specialistiche e il controllo di uno stato, l'algoritmo del potere, nelle sue varie componenti, è sempre più accessibile a singoli individui o a piccoli gruppi, con intenzioni non sempre benevole.

Prendiamo ad esempio la biotecnologia. Se da un lato tecniche come CRISPR offrono straordinarie opportunità per la cura di malattie genetiche, dall'altro la loro relativa semplicità ed economicità solleva preoccupazioni riguardo a un loro possibile uso improprio. È notizia recente che aziende innovative del settore offrono kit CRISPR "fai-da-te" a poche centinaia di dollari, rendendo l'editing genetico accessibile a chiunque abbia un minimo di competenze di laboratorio. E, come riportato da diverse testate internazionali, sul mercato sono ormai disponibili macchinari in grado di sintetizzare frammenti di DNA a partire da una sequenza digitale, con una spesa di poche migliaia di euro. Se in un laboratorio di massima sicurezza queste tecnologie sono usate per scopi di ricerca, non possiamo escludere che in un garage, un gruppo di terroristi o un singolo individuo con intenti malevoli possa utilizzare questi stessi strumenti per creare virus letali o per alterare batteri esistenti rendendoli resistenti agli antibiotici.

Lo stesso si può dire per l'intelligenza artificiale. Se da un lato l'IA offre enormi vantaggi in termini di efficienza e automazione, dall'altro la sua diffusione capillare, anche in versioni open-source, rende possibile a chiunque di creare, ad esempio, sofisticati malware o sistemi di disinformazione di massa. Uno smartphone di ultima generazione, dotato di un potente processore e di accesso a librerie software di IA, potrebbe essere utilizzato per lanciare attacchi informatici, diffondere fake news su scala globale, o addirittura controllare droni per scopi illeciti. L'intelligenza artificiale, inoltre, essendo un acceleratore di scoperte, potrebbe anche potenziare le attività criminali di progettazione di armi chimiche o biologiche.

La facilità di accesso a queste tecnologie, unita alla difficoltà di regolamentarne l'uso a livello globale, crea una situazione di rischio senza precedenti. Se, come abbiamo detto, in passato l'innovazione tecnologica era spesso guidata e controllata da stati o grandi aziende, oggi ci troviamo di fronte a una proliferazione di strumenti potenti e potenzialmente pericolosi, disponibili a chiunque abbia un minimo di risorse e di competenze. Questo scenario richiede una riflessione approfondita sui concetti di sicurezza, responsabilità e governance nell'era dell'algoritmo del potere.

Se da un lato la democratizzazione tecnologica ha reso accessibili a miliardi di persone strumenti avanzati come smartphone e computer, dall'altro l'algoritmo del potere sta creando una concentrazione di potere senza precedenti nelle mani di due attori principali: i governi e le grandi aziende tecnologiche. Queste due forze, spesso in competizione ma a volte alleate, stanno plasmando il futuro dell'umanità in modi che sfuggono al controllo democratico tradizionale.

IL POTERE DEGLI STATI

I governi di tutto il mondo hanno compreso da tempo l'importanza strategica delle tecnologie digitali e stanno investendo ingenti risorse per sviluppare e utilizzare l'algoritmo del potere per i propri fini. Questo si traduce, in primo luogo, in un rafforzamento delle capacità di sorveglianza e controllo sociale. In questo scenario, emergono tre modelli distinti di controllo statale dell'algoritmo del potere: il modello autoritario cinese, l'approccio tecno-capitalista americano e il tentativo regolatorio europeo.

La Cina rappresenta l'esempio più evidente di come la tecnologia possa essere utilizzata per centralizzare il potere statale. Il governo di Pechino ha creato quello che gli esperti chiamano "autoritarismo digitale": un sistema che combina sorveglianza di massa, censura online e controllo sociale attraverso la tecnologia. Il sistema di credito sociale cinese assegna punteggi ai cittadini basati sul loro comportamento, monitorato attraverso milioni di telecamere con riconoscimento facciale e analisi dei dati digitali. Chi ottiene punteggi bassi può vedere limitato l'accesso a servizi pubblici, trasporti e persino opportunità di lavoro. Questa tecnologia viene utilizzata in modo particolarmente aggressivo nello Xinjiang, dove il governo monitora la minoranza uigura attraverso un sistema integrato di sorveglianza che include analisi del DNA, tracciamento delle comunicazioni e sistemi predittivi per identificare potenziali "dissidenti".

Altri regimi autoritari stanno seguendo l'esempio cinese. In Russia, il governo Putin ha implementato il "sovereign internet", un sistema che permette di isolare la rete russa da quella globale, mentre leggi sempre più restrittive obbligano le piattaforme social a conservare i dati degli utenti su server locali, accessibili alle autorità. Durante l'invasione dell'Ucraina, questo sistema ha permesso di creare una realtà parallela per i cittadini russi, combinando censura tradizionale con sofisticate tecniche di manipolazione digitale. In Iran, il governo ha sviluppato una "internet nazionale" che facilita la censura e la sorveglianza, mentre in Myanmar i militari utilizzano tecnologie di sorveglianza digitale per identificare e perseguitare gli oppositori.

Gli Stati Uniti presentano un modello diverso di concentrazione del potere tecnologico. Pur mantenendo un sistema democratico, hanno sviluppato capacità di sorveglianza massiva attraverso programmi come PRISM, rivelati da Edward Snowden. L'alleanza "Five Eyes" (USA, UK, Canada, Australia e Nuova Zelanda) ha creato un sistema globale di monitoraggio digitale che, in nome della sicurezza nazionale, può tracciare ogni aspetto della vita digitale dei cittadini. Tuttavia, il modello americano si distingue per il ruolo dominante del settore privato: attraverso il DARPA e altre agenzie governative, Washington investe miliardi in ricerca avanzata, ma lascia alle aziende private il compito di commercializzare e sviluppare le tecnologie.

L'Unione Europea sta tentando una "terza via", cercando di bilanciare innovazione tecnologica e diritti individuali. Il GDPR ha stabilito standard globali per la protezione dei dati, mentre l'AI Act mira a regolamentare l'uso dell'intelligenza artificiale. Tuttavia, l'Europa rischia di rimanere schiacciata tra il modello autoritario cinese e quello tecno-capitalista americano, non avendo né il controllo centralizzato del primo né la potenza innovativa del secondo.

Oltre alla sorveglianza, l'algoritmo del potere è diventato un elemento centrale della competizione geopolitica tra le grandi potenze. Non si tratta più solo di una competizione militare o economica, ma di una vera e propria "corsa al dominio informativo", in cui chi controlla i dati e gli algoritmi ha un vantaggio strategico decisivo. Gli stati più avanzati investono ingenti risorse nello sviluppo di tecnologie di sorveglianza, di analisi predittiva e di guerra cibernetica, nella consapevolezza che il controllo dell'informazione e la capacità di influenzare l'opinione pubblica sono diventati fattori chiave per la sicurezza nazionale e per l'affermazione della propria potenza a livello globale.

Questa corsa al "suprematismo informativo" ricorda per certi versi la corsa agli armamenti nucleari durante la Guerra

Fredda. Allora, a essere conteso era il potere distruttivo, la capacità di annientare fisicamente il nemico. Oggi, la competizione si è spostata sul piano dell'informazione, della manipolazione algoritmica e del controllo dei flussi di dati. Non è più solo una questione di deterrenza militare, ma di "guerra ibrida", in cui gli strumenti dell'algoritmo del potere vengono utilizzati per indebolire l'avversario, per destabilizzarne le istituzioni, per influenzarne le scelte politiche e per ottenere un vantaggio strategico senza necessariamente ricorrere all'uso della forza tradizionale.

Lo sviluppo di armi autonome, in grado di prendere decisioni letali senza intervento umano, è una delle applicazioni più controverse e preoccupanti dell'IA in ambito militare. Ma forse ancora più insidiosa è la capacità di utilizzare gli algoritmi per diffondere disinformazione e manipolare l'opinione pubblica. Le interferenze russe nelle elezioni americane del 2016, con l'utilizzo di social bot, fake news e campagne di propaganda mirate, hanno dimostrato quanto sia facile, nell'era digitale, influenzare i processi democratici e destabilizzare intere nazioni. E questo è solo un assaggio di quello che potrebbe accadere in futuro, con l'evoluzione dell'algoritmo del potere e la sua crescente pervasività.

IL POTERE DELLE AZIENDE

Oltre ai governi, un ruolo di primo piano nell'ecosistema dell'algoritmo del potere è giocato dalle grandi aziende tecnologiche, i cosiddetti "giganti del web" o "Big Tech". Queste aziende, come Google, Amazon, Facebook (Meta), Microsoft, Apple e le loro controparti cinesi (Baidu, Alibaba, Tencent, ecc.), non solo controllano gran parte dell'infrastruttura digitale globale, ma hanno anche accumulato una quantità di dati senza precedenti sugli utenti, che utilizzano per alimentare i loro algoritmi di IA e per sviluppare nuovi servizi e prodotti.

Queste aziende non sono più semplici multinazionali: si

sono evolute in ecosistemi onnipresenti che controllano aspetti fondamentali della vita moderna. Pensiamo a Google, che non si limita a fornire un motore di ricerca, ma possiede anche Android, il sistema operativo utilizzato dalla maggior parte degli smartphone, e piattaforme come YouTube, che dominano l'intrattenimento online. Oltre a questo, con progetti come DeepMind, sta spingendo i confini dell'intelligenza artificiale, esplorando applicazioni che vanno dalla sanità alla fusione nucleare. Amazon è diventata una spina dorsale dell'economia globale: non solo attraverso il suo colosso e-commerce, ma anche con Amazon Web Services, che fornisce la capacità di elaborazione per una vasta gamma di servizi critici, inclusi sistemi di difesa e piattaforme finanziarie. Questa infrastruttura digitale ha reso Amazon non solo un attore commerciale, ma un pilastro operativo per intere economie. Meta, con le sue piattaforme social come Facebook, Instagram e WhatsApp, non è più solo uno spazio per la connessione sociale, ma un laboratorio di esperimenti sociologici e un teatro di influenze politiche. Lo scandalo Cambridge Analytica è stato solo la punta dell'iceberg: la capacità di Meta di influenzare il dibattito pubblico e persino di plasmare elezioni dimostra come il confine tra azienda privata e potere politico sia diventato sempre più sottile. Microsoft, oltre a essere sinonimo di software aziendale, è oggi un leader nello sviluppo di tecnologie strategiche come l'intelligenza artificiale e il quantum computing. Con il suo investimento in OpenAI e l'integrazione dell'IA nei suoi prodotti, sta ridefinendo il modo in cui le aziende lavorano e si relazionano con la tecnologia.

Il modello di business di queste aziende si basa sulla raccolta, l'analisi e la monetizzazione dei dati personali, trasformando le informazioni in una merce di scambio e gli utenti in "prodotti" da profilare e targetizzare.

Queste aziende, che potremmo definire "stati digitali", non si limitano a influenzare il comportamento dei consumatori.

Gestiscono intere economie digitali, con regole e "leggi" proprie. Ad esempio, il sistema di risoluzione delle controversie di eBay e PayPal risolve milioni di casi ogni anno, riducendo al minimo il ricorso ai sistemi giudiziari tradizionali. Questi strumenti, veloci e automatizzati, dimostrano come le aziende possano sostituire le istituzioni pubbliche in ambiti cruciali. Un segnale ancora più evidente della loro autonomia e ambizione è la decisione di aziende come Google e Microsoft di sviluppare reattori nucleari per alimentare i propri data center. Questa scelta riflette non solo l'enorme quantità di energia richiesta dalle loro operazioni, ma anche la loro aspirazione a diventare completamente autosufficienti, riducendo la dipendenza dalle infrastrutture energetiche statali.

Le implicazioni di questa concentrazione di potere sono profonde. Non solo queste aziende controllano le tecnologie più avanzate, come il quantum computing e l'AGI, ma hanno anche la capacità di influenzare politiche pubbliche e scelte collettive. Ad esempio, progetti come il programma di educazione digitale di Google nelle scuole o le partnership di Microsoft con governi locali per l'automazione delle pubbliche amministrazioni dimostrano quanto siano radicate nei tessuti sociali e istituzionali.

Un caso particolarmente significativo è quello di Samsung in Corea del Sud. Questo conglomerato, che va oltre la tecnologia per includere assicurazioni, costruzioni e persino parchi a tema, rappresenta circa il 20% dell'economia nazionale. In Corea, Samsung non è solo un'azienda, ma una forza politica ed economica che spesso si comporta come un "governo parallelo". Questo modello potrebbe anticipare un futuro in cui altre aziende globali assumano un ruolo simile, gestendo settori chiave come l'istruzione, la sanità e persino la difesa.

Con la loro crescente autonomia, queste aziende si stanno posizionando come arbitri del futuro. Le loro decisioni non influenzano solo il mercato, ma definiscono le regole del gioco per intere società. La domanda non è più se queste aziende avranno un ruolo centrale nel plasmare il futuro, ma come gestiranno questo potere e quali meccanismi di responsabilità potranno essere imposti per evitare che esso sfugga al controllo.

La concentrazione di dati, di potenza di calcolo e di competenze tecnologiche in poche mani solleva questioni fondamentali riguardo alla privacy, alla trasparenza, all'accountability e all'equità. Chi controlla questi algoritmi? In base a quali criteri vengono progettati e utilizzati? Come possiamo garantire che non vengano utilizzati per discriminare, manipolare o controllare gli individui? Queste domande, già cruciali nell'era dei big data e dell'IA, diventano ancora più urgenti con l'avvento del quantum computing e con l'integrazione sempre più stretta tra le diverse tecnologie dell'algoritmo del potere.

In questo scenario, il rischio di un divario crescente tra chi detiene il potere tecnologico e chi ne è soggetto diventa sempre più concreto. Un divario che non si esprime più solo in termini di accesso alle tecnologie di base, come abbiamo visto nel sottocapitolo precedente, ma in termini di controllo effettivo sulle tecnologie più avanzate e strategiche, quelle che definiscono le regole del gioco nell'era dell'algoritmo del potere.

LA POLARIZZAZIONE TECNOLOGICA

L'ecosistema convergente e l'algoritmo del potere, pur avendo il potenziale di migliorare radicalmente la vita di miliardi di persone, portano con sé anche il rischio di una crescente polarizzazione tecnologica, con conseguenze profonde e imprevedibili per il futuro della società. Questa polarizzazione potrebbe manifestarsi in diversi modi, creando scenari che oscillano tra utopie digitali di progresso e benessere condiviso e distopie tecnologiche caratterizzate da disuguaglianze estreme e controllo pervasivo.

Da un lato, è possibile immaginare un futuro in cui l'algoritmo del potere, guidato da principi etici e democraticamente controllato, venga utilizzato per affrontare alcune delle sfide più urgenti dell'umanità. In questo scenario utopico, l'intelligenza artificiale, con l'aiuto della robotica e dei big data, potrebbe aiutarci a sconfiggere malattie come il cancro, a sviluppare terapie personalizzate per ogni individuo e a gestire in modo sostenibile le risorse del pianeta. Le biotecnologie, potenziate dalla potenza di calcolo del quantum computing, potrebbero permetterci di eliminare le malattie genetiche, di migliorare la qualità della vita e di estendere la durata della vita umana in modo significativo. La robotica avanzata, integrata con l'IA, potrebbe liberare gli esseri umani dai lavori più pesanti e pericolosi, creando nuove opportunità per l'impiego del tempo libero, la creatività e la realizzazione personale. In questo futuro, l'accesso alle tecnologie dell'algoritmo del potere sarebbe ampiamente diffuso e democratico, contribuendo a ridurre le disuguaglianze e a creare una società più giusta e inclusiva. Potremmo assistere alla nascita di una vera e propria "società dell'abbondanza", in cui la scarsità di risorse, la povertà e le malattie diventano un ricordo del passato.

D'altro canto, è altrettanto facile, e forse più realistico, prefigurare scenari distopici, in cui l'algoritmo del potere sfugge al controllo democratico e viene utilizzato per consolidare ulteriormente il potere di pochi a scapito di molti. Immaginiamo un mondo in cui una ristretta élite di tecnocrati e di grandi aziende tecnologiche, in combutta con governi autoritari, utilizzi l'IA, i big data e le biotecnologie per controllare ogni aspetto della vita dei cittadini. In questo scenario, la privacy sarebbe completamente annullata, ogni nostra azione, pensiero e persino emozione verrebbe monitorata, analizzata e utilizzata per indirizzare i nostri comportamenti e le nostre scelte. La blockchain, invece di essere uno strumento di trasparenza e di emancipazione, potrebbe diventare un mezzo per tracciare in modo indelebile ogni nostra transazione, ogni nostro spostamento, ogni nostra interazione sociale.

In un tale futuro distopico, le disuguaglianze sociali ed economiche verrebbero amplificate a dismisura. Da un lato, una piccola élite "potenziata" dalle biotecnologie e dall'intelligenza artificiale, in grado di vivere più a lungo, di essere più intelligente e più produttiva, e di avere accesso a risorse e opportunità inimmaginabili per il resto dell'umanità. Dall'altro, una massa di individui "non potenziati", controllati e manipolati da algoritmi sempre più sofisticati, privati di ogni autonomia e ridotti a mere pedine di un sistema tecnocratico disumanizzato. Questo scenario, che ricorda da vicino le trame di romanzi e film di fantascienza come "1984" di Orwell o "Minority Report" di Spielberg, rappresenta un rischio concreto se non si interviene per tempo per governare l'evoluzione dell'algoritmo del potere.

Un altro aspetto della polarizzazione tecnologica riguarda il divario tra nazioni. I paesi che saranno in grado di sviluppare e adottare per primi le tecnologie dell'algoritmo del potere godranno di un vantaggio competitivo schiacciante, sia in campo economico che militare. Questo potrebbe portare a una nuova corsa agli armamenti, non più basata solo sulle armi tradizionali, ma anche e soprattutto sulla supremazia tecnologica, con il rischio di destabilizzare gli equilibri geopolitici globali e di creare nuove forme di conflitto.

La polarizzazione, quindi, si configura come una delle sfide cruciali poste dall'algoritmo del potere. Essa non riguarda solo l'accesso alle tecnologie, ma anche e soprattutto il controllo su di esse e la capacità di utilizzarle per i propri fini. Se non si interviene per tempo, il rischio è quello di creare una società sempre più divisa, in cui pochi detengono un potere immenso, basato sulla tecnologia, e molti subiscono passivamente le decisioni e i condizionamenti imposti dagli algoritmi.

Ma la storia non è già scritta. Tra l'utopia e la distopia digitale esiste un'ampia gamma di futuri possibili, e quale di questi si realizzerà dipenderà in larga misura dalle scelte che faremo nei prossimi anni. La sfida, come abbiamo più volte sottolineato, non è quella di fermare il progresso tecnologico, ma di governarlo, di indirizzarlo verso un futuro in cui l'algoritmo del potere sia al servizio dell'umanità, e non viceversa.

CAPITOLO 9
DECLINO DELLO STATO-NAZIONE

l mondo come lo abbiamo conosciuto per secoli, un mondo ordinato secondo il principio della sovranità degli stati-nazione, sta subendo una trasformazione epocale. L'algoritmo del potere, con la sua pervasività e la sua capacità di trascendere i confini geografici, sta erodendo le fondamenta stesse su cui si regge l'ordine internazionale nato dopo la Pace di Westfalia del 1648. Per secoli, il mondo è stato organizzato attorno al principio della sovranità degli stati-nazione, secondo cui ogni stato aveva il diritto di governare in modo indipendente all'interno dei propri confini. Le democrazie occidentali, in particolare, appaiono impreparate ad affrontare questa sfida, innescando un circolo vizioso che ne mina progressivamente l'autorità e la legittimità. Questo processo di erosione non è improvviso, ma si manifesta attraverso una serie di cambiamenti, apparentemente slegati tra loro, che convergono però verso un'unica direzione: lo spostamento di quote crescenti di potere dagli stati-nazione ad altri attori, siano essi aziende tecnologiche globali, organizzazioni sovranazionali o entità decentralizzate basate su blockchain.

Stiamo assistendo alla nascita di un nuovo ordine mondiale, che potremmo definire "post-sovrano", in cui le regole non sono più dettate esclusivamente dagli stati, ma anche da questi nuovi attori che operano al di là dei confini nazionali. La capacità di controllare i flussi di informazione, di influenzare l'opinione pubblica e di organizzare azioni collettive non è più prerogativa esclusiva degli stati, ma è sempre più distribuita tra una molteplicità di soggetti, grazie alle tecnologie dell'algoritmo del potere.

Questo nuovo ordine "post-sovrano" è caratterizzato da una tensione costante tra forze che spingono verso la frammentazione e la dissoluzione del potere centrale, come nel caso delle tecnologie decentralizzate, e forze che, al contrario, tendono a una sua drammatica concentrazione, come nel caso dei governi che utilizzano l'algoritmo del potere per rafforzare il controllo sociale. Non si tratta di una crisi passeggera, di un'anomalia temporanea, ma di una trasformazione strutturale, di portata epocale, che sta ridefinendo alla radice il modo in cui il potere viene distribuito, esercitato e conteso nella società.

Per comprendere la natura di questo cambiamento, proviamo a immaginare lo stato-nazione come un edificio secolare, le cui fondamenta poggiano su alcuni pilastri portanti. Questi pilastri, che analizzeremo più avanti nel dettaglio, rappresentano le funzioni essenziali dello stato moderno: il monopolio della forza legittima sul proprio territorio, il controllo della moneta e del sistema finanziario, la gestione delle infrastrutture critiche per la vita dei cittadini e l'amministrazione della giustizia.

Ebbene, l'algoritmo del potere sta lentamente, ma inesorabilmente, sgretolando questi pilastri. Prendiamo ad esempio il monopolio della forza: se un tempo solo gli stati potevano permettersi di sviluppare e dispiegare armamenti complessi, oggi droni, armi informatiche e, in prospettiva, armi autonome basate sull'IA, sono alla portata di attori non statali, inclusi gruppi terroristici o persino singoli individui con sufficienti competenze tecnologiche. La guerra, insomma, si sta "democratizzando", o meglio, "privatizzando", e gli stati non ne detengono più l'esclusiva.

Anche il controllo della moneta, un tempo prerogativa incontrastata degli stati, è oggi messo in discussione dall'ascesa delle criptovalute e della finanza decentralizzata (DeFi). Questi sistemi, basati sulla blockchain, permettono di effettuare transazioni e di creare strumenti finanziari al di fuori del controllo delle banche centrali e dei circuiti finanziari tradizionali. Se un tempo solo gli stati potevano "battere moneta", oggi chiunque, con le giuste competenze, può creare un token digitale e lanciarlo sul mercato globale.

E che dire delle infrastrutture critiche, come le reti energetiche, i trasporti o le telecomunicazioni? Sempre più spesso, queste infrastrutture sono gestite da aziende private, multinazionali che operano su scala globale e che rispondono a logiche di mercato, più che a logiche di interesse pubblico nazionale. Inoltre, la crescente digitalizzazione di queste infrastrutture le rende vulnerabili ad attacchi informatici, che possono essere sferrati da attori non statali con conseguenze potenzialmente devastanti.

Infine, anche l'amministrazione della giustizia, uno dei cardini dello stato di diritto, viene messa in discussione dall'emergere di piattaforme online di risoluzione delle controversie, che offrono servizi più rapidi ed efficienti rispetto ai tribunali tradizionali, e dall'idea stessa di "giustizia algoritmica", in cui le decisioni vengono prese da algoritmi e non da giudici in carne e ossa.

Di fronte a questi cambiamenti, le democrazie occidentali appaiono in difficoltà. Da un lato, esse faticano a comprendere appieno la portata e la velocità di queste trasformazioni, rimanendo spesso ancorate a schemi concettuali e a strumenti normativi obsoleti. Dall'altro, esse sono limitate nella loro azione dalla natura stessa dell'algoritmo del potere, che è transnazionale, decentralizzato e in continua evoluzione, e

che quindi sfugge ai tradizionali strumenti di regolamentazione e controllo statale.

Si è innescato, di conseguenza, un circolo vizioso. Più la
tecnologia avanza, più le istituzioni democratiche perdono la
capacità di governarla efficacemente. E questa perdita di
controllo, a sua volta, alimenta la sfiducia dei cittadini verso
la politica e le istituzioni, favorendo populismi e spinte anti-
sistema, e accelera ulteriormente l'avanzata di quelle stesse
tecnologie che minano il potere dello stato-nazione.

Mentre le democrazie occidentali appaiono disorientate e
sulla difensiva, i regimi autoritari, in particolare la Cina,
sembrano invece aver intuito le potenzialità dell'algoritmo del
potere per rafforzare il proprio controllo sulla società. Lo stato-
nazione tradizionale si trova così stretto tra due forze opposte e
apparentemente inconciliabili. Da un lato, la frammentazione e
la decentralizzazione del potere, causate dalla diffusione di
tecnologie come la blockchain e dalla nascita di nuovi attori non
statali. Dall'altro, la concentrazione di un potere senza precedenti nelle mani di governi autoritari e di giganti tecnologici,
che utilizzano l'algoritmo del potere per controllare e indirizzare
ogni aspetto della vita dei cittadini. Questa tensione tra forze
centrifughe e centripete sta creando un nuovo ordine mondiale,
che potremmo definire "post-sovrano", in cui il concetto stesso
di stato-nazione, così come si è configurato negli ultimi secoli,
viene messo in discussione. Non si tratta di una crisi passeggera,
di un'anomalia temporanea, ma di una trasformazione strutturale, di portata epocale, che sta ridefinendo alla radice il modo in
cui il potere viene distribuito, esercitato e conteso nella società.

LA LEZIONE DAL RINASCIMENTO ITALIANO

Il declino dello stato-nazione come principale attore geopolitico, per quanto possa sembrare un fenomeno inedito e scon-
volgente, trova in realtà un interessante parallelo in un'epoca

storica ben precisa: il Rinascimento italiano. In quel periodo, tra il XIV e il XVI secolo, l'Italia centro-settentrionale era frammentata in una miriade di città-stato indipendenti, entità politiche ed economiche che, pur non potendo competere in termini di dimensioni territoriali con le grandi monarchie nazionali europee, riuscirono a esercitare un'influenza sproporzionata sul mondo di allora.

Città come Firenze, Venezia, Milano, Genova, Bologna, pur essendo entità statuali relativamente piccole, divennero centri di straordinaria potenza economica, militare, culturale e artistica. Firenze, ad esempio, era una repubblica con una popolazione che, nel suo periodo di massimo splendore, non superava i 60.000 abitanti. Eppure, grazie alla sua intraprendenza mercantile, alla sua abilità diplomatica e, soprattutto, al suo strapotere finanziario, era in grado di influenzare le sorti di regni ben più grandi e popolosi. I banchieri fiorentini, come i Medici, finanziavano re e imperatori, determinando l'ascesa o la caduta di intere dinastie. Le compagnie mercantili fiorentine dominavano il commercio internazionale della lana e della seta, creando reti commerciali che si estendevano dall'Inghilterra all'Oriente.

Venezia, dal canto suo, era una potenza marittima e commerciale che controllava le rotte del Mediterraneo orientale, grazie a una flotta potente e a un sistema di alleanze e di avamposti commerciali che si estendeva fino al Mar Nero. Pur non avendo un vasto entroterra, Venezia era in grado di competere con imperi come quello Ottomano, grazie alla sua ricchezza, alla sua abilità diplomatica e alla sua organizzazione politica, un sistema repubblicano oligarchico estremamente efficiente e stabile.

Queste città-stato, e molte altre in Italia, erano caratterizzate da una combinazione unica di fattori:

- Potere economico: erano centri di produzione,

commercio e finanza, in grado di accumulare
enormi ricchezze.

- Innovazione tecnologica: erano all'avanguardia
  nello sviluppo di nuove tecniche, come la partita
  doppia in contabilità, la stampa a caratteri mobili,
  la costruzione navale e le tecniche militari.
- Influenza culturale: erano fucine di arte,
  architettura, letteratura e pensiero politico, che
  irradiavano la loro influenza in tutta Europa
  (pensiamo al mecenatismo dei Medici a Firenze).
- Autonomia politica: erano entità indipendenti, in
  grado di perseguire i propri interessi senza dover
  sottostare a un potere centrale sovraordinato.

La loro ascesa fu in parte dovuta alla debolezza e alla
frammentazione dei poteri universali dell'epoca, l'Impero e il
Papato, che non riuscivano a imporre la loro autorità su
queste realtà dinamiche e intraprendenti. Le città-stato
italiane operavano in un sistema di equilibrio fluido, tessendo
alleanze, combattendo guerre, stringendo accordi commerciali e finanziari, sempre con l'obiettivo di massimizzare il
proprio potere e la propria prosperità.

Questo periodo storico ci offre un'analogia illuminante per
comprendere le dinamiche che si stanno sviluppando oggi
nell'era dell'algoritmo del potere. Le città-stato rinascimentali,
con la loro capacità di concentrare potere economico, tecnologico e culturale in un contesto di frammentazione politica,
prefigurano in un certo senso l'ascesa dei "micro-stati tecnologici" contemporanei. Questi nuovi attori, pur non avendo un
territorio fisico, esercitano un'influenza crescente su scala
globale, grazie al controllo di infrastrutture digitali, di reti
economiche e di flussi di dati.

Così come le città-stato italiane sfidarono il potere delle
grandi monarchie nazionali, i "micro-stati tecnologici" stanno
oggi erodendo la sovranità degli stati-nazione tradizionali,

creando un nuovo ordine mondiale in cui il potere è sempre più distribuito e in cui la competizione si gioca su scala globale, al di là dei confini fisici e delle logiche geopolitiche tradizionali. E, come nel Rinascimento, questa trasformazione non è priva di rischi e di incognite, ma porta con sé anche il seme di una nuova era, ricca di opportunità e di sfide inedite.

IL MODELLO DELLA SORVEGLIANZA

L'algoritmo del potere sta creando una dicotomia sempre più marcata tra due modelli di stato-nazione: da un lato la frammentazione in entità più piccole e autonome, reminiscente del modello rinascimentale italiano, dall'altro la concentrazione del potere in stati di sorveglianza tecnologicamente avanzati. Questa polarizzazione non è solo una tendenza teorica, ma una realtà che sta già ridisegnando la mappa geopolitica del XXI secolo.

Se il Rinascimento italiano ci offre una visione di come potrebbe apparire la frammentazione del potere statale, la Cina contemporanea ci mostra l'altra faccia della medaglia: uno stato che utilizza l'algoritmo del potere per creare un sistema di controllo senza precedenti nella storia umana. Questo non è più il totalitarismo del XX secolo, basato sulla forza bruta e sulla sorveglianza umana. È un sistema di controllo molto più sofisticato e pervasivo, che sfrutta l'intelligenza artificiale, i big data e la sorveglianza automatizzata per monitorare e influenzare il comportamento dei cittadini.

L'India, con il suo sistema Aadhaar, sta seguendo una strada simile. Questo sistema di identificazione biometrica, il più grande al mondo, raccoglie dati su oltre un miliardo di persone, dalla scansione dell'iride alle impronte digitali. Inizialmente presentato come uno strumento per migliorare l'accesso ai servizi pubblici, Aadhaar sta diventando uno strumento di sorveglianza e controllo sociale sempre più pervasivo.

La Russia, con il suo progetto di "sovereign internet", rappresenta un altro esempio di come gli stati stiano utilizzando l'algoritmo del potere per rafforzare il controllo. Isolando la propria rete internet dal resto del mondo e imponendo il controllo statale su tutte le comunicazioni digitali, Mosca sta creando un sistema che permette non solo di sorvegliare i cittadini, ma anche di manipolare l'informazione su scala nazionale. Durante l'invasione dell'Ucraina, questo sistema ha permesso di creare una vera e propria realtà parallela per i cittadini russi.

Questi modelli di controllo statale stanno inoltre esportando la loro tecnologia e la loro visione in altri paesi. Paesi come il Venezuela, lo Zimbabwe, l'Iran stanno implementando sistemi di sorveglianza di massa basati su tecnologia cinese. E non si tratta solo di regimi autoritari: anche nelle democrazie occidentali, la tentazione di utilizzare queste tecnologie per il controllo sociale è sempre più forte. Londra, con le sue centinaia di migliaia di telecamere di sorveglianza, compete con Shenzhen per il titolo di città più monitorata al mondo.

LA NUOVA FRAMMENTAZIONE

All'estremo opposto di questo spettro, assistiamo all'emergere di nuove forme di autonomia e decentralizzazione. El Salvador, sfidando il sistema monetario tradizionale, ha adottato Bitcoin come valuta legale, un esperimento che potrebbe prefigurare un futuro in cui gli stati-nazione perdono il monopolio sulla moneta. La Repubblica Centrafricana ha seguito l'esempio, mentre altri paesi stanno considerando mosse simili.

Le città-stato tecnologiche stanno emergendo come un nuovo modello di organizzazione politica ed economica. Singapore, con il suo progetto "Smart Nation", sta creando un ecosistema digitale integrato che gestisce ogni aspetto della vita urbana, dall'energia ai trasporti, dalla sanità all'istruzione. Dubai, attraverso la sua strategia blockchain, mira a diventare la prima città completamente basata su tecnologia distribuita entro il 2030. Le "crypto cities" stanno emergendo in varie parti del mondo, proponendo modelli di governance ibridi tra il fisico e il digitale.

Ma forse l'esempio più interessante di questa frammentazione viene dall'Estonia. Questo piccolo paese baltico ha creato un sistema di "e-residency" che permette a chiunque nel mondo di diventare un residente digitale, accedendo a servizi bancari, registrando aziende e partecipando all'economia digitale estone. È un modello che sfida il concetto tradizionale di cittadinanza e appartenenza nazionale.

Questa tensione tra centralizzazione autoritaria e frammentazione democratica sta creando un mondo sempre più polarizzato. Da un lato, stati che utilizzano l'algoritmo del potere per rafforzare il controllo centrale, trasformando la sorveglianza tecnologica in uno strumento di oppressione. Dall'altro, l'emergere di nuove entità politiche più piccole, flessibili e tecnologicamente avanzate che sfidano il monopolio dello stato-nazione tradizionale.

La questione centrale è: quale di questi modelli prevarrà? O forse, più realisticamente, come coesisteranno queste forze opposte? Il mondo potrebbe dividersi in zone di controllo autoritario, dove l'algoritmo del potere viene utilizzato per la sorveglianza e il controllo sociale, e "zone libere" caratterizzate da governance decentralizzata e autonomia tecnologica.

Questa polarizzazione comporta rischi significativi. Le zone di controllo autoritario potrebbero diventare sempre più oppressive, utilizzando l'IA e i big data per creare sistemi di controllo sempre più sofisticati e pervasivi. D'altra parte, le zone frammentate potrebbero cadere nell'instabilità e nel caos, proprio come le città-stato del Rinascimento italiano erano spesso teatro di conflitti e guerre intestine.

La differenza cruciale rispetto al passato è la potenza delle

tecnologie in gioco. Se nel Rinascimento le guerre si combatte-
vano con spade e archibugi, oggi anche piccole entità politiche possono avere accesso a tecnologie potenzialmente
distruttive. La democratizzazione delle tecnologie avanzate,
dalla biologia sintetica all'IA, rende ogni attore, indipendentemente dalle sue dimensioni, potenzialmente pericoloso.

Inoltre, la natura stessa dell'algoritmo del potere rende
difficile mantenere confini netti tra questi due modelli. Le
tecnologie di sorveglianza possono essere utilizzate anche
dalle entità decentralizzate, mentre gli stati autoritari devono
fare i conti con tecnologie che facilitano la decentralizzazione.
Internet stessa è un esempio perfetto di questa contraddi-
zione: può essere uno strumento di controllo centralizzato o
di libertà decentralizzata.

Il futuro che si profila è probabilmente un mosaico
complesso di questi diversi modelli. Alcune regioni potrebbero adottare il modello cinese di controllo centralizzato,
creando quello che possiamo definire "tecno-autoritarismo".
Altre potrebbero frammentarsi in entità più piccole e autonome, creando ecosistemi di governance distribuita basati su
blockchain e IA decentralizzata. E molte potrebbero trovarsi
in una zona grigia tra questi due estremi.

Il ruolo delle grandi aziende tecnologiche in questo
scenario è particolarmente interessante. Queste entità stanno
già operando come una sorta di "stati digitali", con bilanci che
superano il PIL di molti paesi e un'influenza che travalica i
confini nazionali. Meta (ex Facebook) non solo controlla le
interazioni sociali di miliardi di persone, ma sta anche sviluppando la propria valuta digitale. Amazon non è solo un
marketplace, ma un'infrastruttura critica per l'economia digitale globale. Queste aziende potrebbero allearsi con gli stati
autoritari, fornendo loro gli strumenti per il controllo sociale,
o potrebbero supportare la frammentazione, creando infrastrutture per entità politiche decentralizzate.

La vera sfida per il futuro sarà trovare un equilibrio tra

questi modelli contrastanti. Come possiamo preservare i benefici della tecnologia centralizzata - efficienza, coordinamento, economia di scala - evitando gli abusi del tecno-autoritarismo? Come possiamo promuovere l'autonomia e la decentralizzazione senza cadere nel caos e nell'instabilità? L'algoritmo del potere ci pone di fronte a questi dilemmi fondamentali, che definiranno il futuro dell'organizzazione politica e sociale umana.

In questo nuovo panorama, il ruolo dei cittadini diventa cruciale. Non si tratta più solo di essere cittadini passivi di uno stato-nazione, ma di attori attivi che possono scegliere come e dove esercitare la propria sovranità digitale. La capacità di comprendere e utilizzare l'algoritmo del potere - quella che potremmo chiamare "data literacy" - diventerà una competenza fondamentale per la cittadinanza del XXI secolo.

I cittadini dovranno navigare in un mondo sempre più complesso, dove le scelte non saranno più semplicemente tra stati nazionali, ma tra diversi modelli di governance e organizzazione sociale. Potrebbero essere contemporaneamente residenti digitali di una crypto-city, utilizzatori di servizi forniti da grandi aziende tecnologiche, e cittadini di stati tradizionali. La loro privacy, la loro libertà e il loro benessere dipenderanno dalla loro capacità di comprendere e gestire queste multiple appartenenze.

Ma c'è anche un rischio concreto di una nuova forma di disuguaglianza. Chi ha le competenze e le risorse per navigare in questo nuovo mondo avrà accesso a opportunità senza precedenti, mentre chi ne è privo potrebbe trovarsi intrappolato in sistemi di controllo sempre più oppressivi. La frattura digitale del futuro non sarà tanto nell'accesso alla tecnologia, quanto nella capacità di utilizzarla per preservare la propria autonomia e libertà.

Il declino dello stato-nazione tradizionale non significa necessariamente la fine della democrazia o dei diritti individuali, ma richiede una loro profonda ridefinizione. La sfida del nostro tempo è trovare nuove forme di organizzazione politica e sociale che possano bilanciare l'efficienza dell'algoritmo del potere con la tutela della dignità e della libertà umana.

Siamo di fronte a una biforcazione storica: da una parte, il rischio di un tecno-totalitarismo globale, dall'altra l'opportunità di creare nuove forme di organizzazione sociale più libere e democratiche. La direzione che prenderemo dipenderà non solo dalle scelte dei governi o delle grandi aziende tecnologiche, ma dalla consapevolezza e dall'azione di ogni cittadino.

CAPITOLO 10
STATI OBSOLETI E TECNO-LIBERISMO

Nel panorama delle ideologie che si confrontano sull'impatto futuro dell'algoritmo del potere, una delle più radicali e controverse è quella del tecno-liberismo. Questa corrente di pensiero, che affonda le sue radici nel libertarianismo e nell'anarco-capitalismo, immagina un futuro in cui lo stato-nazione, con le sue strutture burocratiche, i suoi confini e il suo monopolio sulla forza e sulla moneta, sia diventato un'entità obsoleta, soppiantata da un ordine sociale radicalmente diverso, basato sull'autonomia individuale, sul libero mercato e sulla tecnologia.

Per i tecno-liberisti, l'algoritmo del potere, in particolare la blockchain, l'intelligenza artificiale e le tecnologie di comunicazione decentralizzate, rappresenta lo strumento di emancipazione definitivo, in grado di liberare l'individuo dalle catene dello stato e di creare una società più libera, efficiente e prospera. In questa visione, le funzioni tradizionalmente svolte dallo stato, come la sicurezza, la giustizia, l'istruzione e persino la coniazione di moneta, possono essere svolte in modo più efficace da entità private, da comunità online auto-organizzate o da algoritmi decentralizzati.

Uno dei principali esponenti di questa ideologia è Peter

Thiel, co-fondatore di PayPal e investitore di lungo corso nella Silicon Valley. Thiel, noto per le sue posizioni spesso provocatorie e controcorrente, ha più volte espresso la sua profonda sfiducia nei confronti dello stato e della politica tradizionale. In un saggio del 2009 intitolato "The Education of a Libertarian", Thiel scriveva: "Non credo più che la libertà e la democrazia siano compatibili". Per Thiel, la democrazia è inefficiente e incline alla tirannia della maggioranza, mentre lo stato è un'entità intrinsecamente coercitiva e limitante della libertà individuale.

La soluzione, secondo Thiel, risiede nella tecnologia e nell'imprenditorialità. Nel suo libro "Zero to One", Thiel esalta la capacità delle startup tecnologiche di creare innovazione dirompente e di sfidare i monopoli esistenti, compresi quelli statali. Egli immagina un futuro in cui "individui sovrani", dotati delle giuste competenze tecnologiche e di una mentalità imprenditoriale, possano prosperare al di fuori dei confini e delle regole imposte dagli stati-nazione. Questa visione si spinge fino a ipotizzare la creazione di "seastead", isole artificiali galleggianti in acque internazionali, sottratte alla giurisdizione di qualsiasi stato, dove sperimentare nuove forme di convivenza sociale basate sulla libertà individuale e sull'autoregolamentazione. Il Seasteading Institute, co-fondato dallo stesso Thiel, incarna questa ambizione, pur essendo ancora nelle prime fasi di realizzazione.

Un altro pensatore influente in questa corrente è Balaji Srinivasan, ex CTO di Coinbase e general partner di Andreessen Horowitz, una delle più importanti società di venture capital della Silicon Valley. Nel suo libro "The Network State", Srinivasan teorizza la nascita di "stati-rete", comunità digitali basate su blockchain e criptovalute, che si autogovernano attraverso smart contract e algoritmi, e che possono arrivare a ottenere un riconoscimento diplomatico e una vera e propria sovranità, pur non avendo un territorio fisico definito. Questi "stati-rete", secondo Srinivasan, rappresentano l'evoluzione naturale dello stato-nazione nell'era digitale, offrendo agli individui la possibilità di scegliere liberamente a quale comunità appartenere e di sottrarsi al controllo dei governi tradizionali.

Il tecno-liberismo, quindi, non è solo una critica radicale allo stato, ma anche e soprattutto un progetto politico, che mira a costruire alternative concrete al modello statuale esistente. Questo progetto si basa su una fede incrollabile nel potere liberatorio della tecnologia e su una visione individualistica e meritocratica della società, in cui ciascuno è artefice del proprio destino e in cui le disuguaglianze sono il risultato naturale delle capacità e dell'impegno di ciascuno.

Questa visione è stata criticata da più parti. Da un lato, si evidenzia come il tecno-liberismo tenda a sottovalutare il ruolo dello stato nella fornitura di servizi essenziali, nella protezione dei diritti dei cittadini e nella redistribuzione della ricchezza. Abolire lo stato, o ridurlo a un ruolo marginale, significherebbe lasciare queste funzioni cruciali al libero mercato o a entità private, con il rischio di aggravare le disuguaglianze e di creare una società in cui solo i più ricchi e i più tecnologicamente attrezzati possono prosperare.

Dall'altro lato, si sottolinea come la visione tecno-liberista di una società composta da "individui sovrani", completamente autonomi e scollegati da ogni forma di autorità politica, sia non solo irrealistica, ma anche pericolosa. Come ha osservato la filosofa politica Hannah Arendt, l'atomizzazione della società e la distruzione dei legami sociali e politici sono il terreno fertile su cui prosperano i totalitarismi. Un mondo di individui isolati, privi di protezioni e di diritti garantiti, è un mondo in cui il potere può facilmente concentrarsi nelle mani di pochi, siano essi leader carismatici o algoritmi onnipotenti.

Inoltre, la visione tecno-liberista sembra ignorare le profonde disuguaglianze nell'accesso alle tecnologie e alle competenze necessarie per operare in un mondo poststatuale. Se è vero che l'algoritmo del potere offre nuove opportunità di emancipazione, è altrettanto vero che queste opportunità non sono equamente distribuite. Il rischio è quello di creare una società ancora più polarizzata, in cui una ristretta élite di "individui sovrani" vive al di fuori delle regole comuni, mentre la maggioranza della popolazione rimane esclusa dai benefici della rivoluzione tecnologica e priva di protezioni sociali.

Infine, la critica al tecno-liberismo si concentra sulla sua visione riduttiva dell'essere umano, considerato come un mero attore economico razionale, guidato esclusivamente dal proprio interesse individuale. Questa visione, secondo i critici, ignora l'importanza dei legami sociali, del senso di appartenenza a una comunità e dei valori condivisi che sono alla base di ogni società funzionante.

Nonostante queste critiche, il tecno-liberismo rappresenta una corrente di pensiero influente, che sta contribuendo a plasmare il dibattito sul futuro della tecnologia e della società. Le sue idee, per quanto radicali e controverse, ci costringono a interrogarci su quale sia il ruolo dello stato nell'era dell'algo-ritmo del potere, su come garantire una distribuzione equa dei benefici della tecnologia e su come preservare la nostra libertà e la nostra umanità in un mondo sempre più dominato dagli algoritmi.

CRITICA AL TECNO-LIBERISMO: TRA LIBERTÀ E DISUGUAGLIANZA

Il tecno-liberismo, con la sua promessa di un futuro di libertà individuale e di auto-organizzazione basata sulla tecnologia, esercita un fascino innegabile, soprattutto in un'epoca di crescente sfiducia verso le istituzioni tradizionali. Tuttavia, questa visione, apparentemente utopica, nasconde insidie profonde e rischi concreti, che vanno attentamente valutati per evitare che l'algoritmo del potere si trasformi in uno strumento di oppressione e di disuguaglianza, piuttosto che di emancipazione.

Uno dei principali punti deboli del tecno-liberismo è la sua concezione idealizzata e, per certi versi, ingenua della natura umana e del mercato. I tecno-liberisti tendono a presupporre che gli individui siano attori razionali e perfettamente informati, in grado di prendere decisioni ottimali per sé stessi e per la società, se lasciati liberi di agire senza interferenze esterne. Ma la realtà, come ci insegnano l'economia comportamentale e la psicologia cognitiva, è ben più complessa. Gli individui sono spesso soggetti a bias cognitivi, a emozioni e a comportamenti irrazionali, che possono essere facilmente sfruttati da chi detiene il controllo degli algoritmi e dei flussi di dati.

Inoltre, la visione tecno-liberista di un mercato perfettamente autoregolato, in cui la "mano invisibile" della concorrenza assicura l'efficienza e il benessere per tutti, ignora le profonde asimmetrie di potere che caratterizzano l'economia digitale. Come abbiamo visto in precedenza, le grandi aziende tecnologiche hanno accumulato un potere enorme, grazie al controllo delle infrastrutture digitali, alla raccolta massiva di dati e allo sviluppo di algoritmi sempre più sofisticati. In assenza di un'adeguata regolamentazione, queste aziende sono libere di utilizzare il loro potere per consolidare la propria posizione dominante, per influenzare le scelte dei consumatori e per massimizzare i propri profitti, anche a scapito dell'interesse generale.

Un altro punto critico riguarda la questione della disuguaglianza. I tecno-liberisti sostengono che la tecnologia, in particolare l'algoritmo del potere, sia un fattore di democratizzazione e di livellamento sociale, in quanto permette a chiunque di accedere a informazioni, servizi e opportunità prima inaccessibili. Ma questa visione ignora il fatto che l'accesso alle tecnologie più avanzate, e soprattutto la capacità di utilizzarle in modo efficace, non sono equamente distribuiti nella società.

Come abbiamo già discusso in precedenza, esiste un "digital divide" non solo in termini di accesso alle infrastrutture tecnologiche, ma anche e soprattutto in termini di competenze digitali e di data literacy. Questo divario tende a sovrapporsi alle disuguaglianze socioeconomiche preesistenti, creando un circolo vizioso in cui chi è già svantaggiato rischia di rimanere ulteriormente indietro nell'era dell'algoritmo del potere. Inoltre, la promessa di "disintermediazione" dei tecno-liberisti, secondo cui la tecnologia permetterebbe di eliminare gli intermediari inefficienti e corrotti, rischia di tradursi in una nuova forma di intermediazione, ancora più opaca e pervasiva, operata dagli algoritmi e dalle piattaforme digitali.

Pensiamo, ad esempio, al mercato del lavoro. Se da un lato piattaforme come Uber o TaskRabbit o Glovo offrono nuove opportunità di lavoro flessibile, dall'altro creano anche forme di precarietà e di sfruttamento, in cui i lavoratori sono privati di tutele e garanzie, e sono costantemente monitorati e valutati da algoritmi. In questo scenario, il "libero mercato" tanto caro ai tecno-liberisti si trasforma in una giungla digitale, in cui a prevalere non è necessariamente il migliore, ma chi ha più potere contrattuale e chi riesce a sfruttare a proprio vantaggio le asimmetrie informative e le debolezze dell'algoritmo.

Un altro rischio concreto è quello di una "balcanizzazione" della società in una serie di comunità digitali autoreferenziali, governate da regole proprie e scollegate dal resto del mondo. Se da un lato questo scenario può apparire attraente per chi cerca maggiore autonomia e libertà di scelta, dall'altro esso potrebbe portare a una frammentazione sociale senza precedenti, minando le basi stesse della convivenza civile e della solidarietà collettiva. Immaginiamo un mondo in cui ogni individuo vive in una "bolla" digitale progettata su misura per lui, in cui riceve solo le informazioni che confermano le sue opinioni, in cui interagisce solo con persone che la pensano allo stesso modo, e in cui ogni aspetto della sua vita è regolato da algoritmi e smart contract. In un mondo del genere, il concetto stesso di società, di bene comune e di interesse generale rischierebbe di dissolversi, lasciando il posto a un individualismo estremo e a una crescente incomunicabilità tra i diversi gruppi sociali.

Infine, non possiamo ignorare le implicazioni del tecno-liberismo per la democrazia stessa. Se lo stato-nazione, con tutti i suoi difetti, rappresenta comunque un'istituzione che, almeno in linea di principio, è sottoposta al controllo democratico dei cittadini, chi controlla i "micro-stati tecnologici" e gli algoritmi che ne regolano il funzionamento? Come possiamo garantire che il potere crescente di queste entità non si traduca in una nuova forma di autoritarismo digitale, in cui le decisioni fondamentali per la vita di miliardi di persone vengono prese da ristrette élite tecnocratiche o, peggio ancora, da algoritmi opachi e insindacabili?

Queste preoccupazioni non sono mere speculazioni teoriche, ma si basano su tendenze già in atto e su segnali inquietanti che provengono da diverse parti del mondo. L'ascesa di movimenti populisti e anti-sistema, la diffusione di fake news e di teorie del complotto, la crescente polarizzazione politica e sociale, sono tutti fenomeni che, in parte, possono essere ricondotti a un uso distorto e non regolamentato dell'algoritmo del potere.

In conclusione, il tecno-liberismo, pur presentandosi come una filosofia di libertà e di progresso, nasconde insidie profonde che non possono essere ignorate. La sua visione di un mondo senza stati, governato da algoritmi e da individui sovrani, rischia di trasformarsi in una distopia in cui le disuguaglianze si amplificano, i diritti fondamentali vengono calpestati e la democrazia stessa viene svuotata di significato. "La libertà non è mai a più di una generazione di distanza dall'estinzione", diceva Ronald Reagan. E oggi, nell'era dell'algoritmo del potere, questa frase risuona con un'urgenza e una rilevanza ancora maggiori.

SEASTEADING, CHARTER CITIES E STARTUP SOCIETIES: UTOPIE O REALTÀ EMERGENTI?

Mentre il dibattito sul futuro dello stato-nazione e sul ruolo dell'algoritmo del potere si fa sempre più acceso, un numero crescente di individui, gruppi e organizzazioni sta cercando di tradurre in pratica la visione tecno-liberista di un mondo oltre lo stato. Attraverso progetti e iniziative che vanno dalla creazione di isole artificiali a quella di città autonome, fino alla formazione di comunità digitali autogovernantesi, questi moderni pionieri stanno esplorando nuove forme di organizzazione sociale, economica e politica, basate sulla tecnologia, sull'autonomia individuale e sul libero mercato.

Uno dei movimenti più noti e discussi in questo ambito è il "seasteading", di cui abbiamo parlato in precedenza, ovvero l'idea di costruire isole artificiali galleggianti in acque internazionali, al di fuori della giurisdizione di qualsiasi stato. Queste isole, chiamate "seastead", sarebbero delle piattaforme sperimentali per la creazione di nuove società, basate su principi libertari o anarco-capitalisti, in cui gli individui sarebbero liberi di stipulare contratti volontari, di autogovernarsi e di sperimentare nuovi modelli economici e sociali, senza l'interferenza di governi o autorità esterne.

Il Seasteading Institute, fondato nel 2008 da Patri Friedman (nipote del celebre economista Milton Friedman) e Peter Thiel, è la principale organizzazione che promuove questa visione. Secondo i suoi sostenitori, il seasteading offrirebbe una via di fuga pacifica e innovativa dai problemi del mondo attuale, permettendo di creare società più libere, più ricche e più sostenibili. "Se non ti piace il tuo governo, perché non ne costruisci uno nuovo?", è il motto provocatorio che riassume la filosofia di questo movimento.

Sebbene il Seasteading Institute abbia finora realizzato solo progetti pilota su piccola scala, l'idea ha suscitato un notevole interesse, sia tra i tecno-liberisti, sia tra gli investitori e gli ingegneri interessati alle sfide tecnologiche di questo progetto. Costruire isole artificiali in grado di resistere alle tempeste, di produrre energia in modo autonomo e di sostenere una comunità umana è un'impresa ingegneristica complessa e costosa, ma non impossibile. E se queste isole diventassero un modello replicabile e scalabile, potrebbero davvero rappresentare un'alternativa al sistema degli stati-nazione, offrendo un'opzione di "exit", di uscita, a chi non si riconosce più nelle forme tradizionali di organizzazione politica.

Un'altra tendenza significativa è quella delle "charter cities", ovvero città o zone economiche speciali che godono di un'ampia autonomia amministrativa e normativa rispetto allo stato in cui si trovano. Questo modello, promosso da economisti come Paul Romer, si basa sull'idea che la competizione tra diverse giurisdizioni possa favorire l'innovazione istituzionale e la crescita economica. In pratica, una charter city è un territorio, spesso concesso in affitto da uno stato a un'entità esterna (un'azienda, un'organizzazione non governativa o un consorzio di investitori), in cui vengono applicate leggi e regolamenti speciali, diversi da quelli del resto del paese.

L'esempio più citato di charter city è quello di Hong Kong, che per decenni ha goduto di uno statuto speciale all'interno della Cina, con un sistema giuridico ed economico separato. Tuttavia, negli ultimi anni, il governo cinese ha progressivamente limitato l'autonomia di Hong Kong, riaffermando il proprio controllo sul territorio e suscitando proteste e preoccupazioni a livello internazionale. Questo dimostra come le charter cities, pur potendo rappresentare un'opportunità di sviluppo e di sperimentazione istituzionale, siano comunque soggette alle decisioni e agli interessi degli stati in cui si trovano.

Nonostante ciò, l'idea delle charter cities continua ad affascinare molti tecno-liberisti e investitori, che vedono in esse un modo per creare zone franche in cui sperimentare nuove forme di governance, basate su principi di libero mercato, deregolamentazione e innovazione tecnologica. Ad esempio, in Honduras sono stati fatti tentativi, sebbene controversi e finora poco efficaci, di creare "Zonas de Empleo y Desarrollo Económico" (ZEDE), aree con un'ampia autonomia normativa e amministrativa, con l'obiettivo di attrarre investimenti esteri e di stimolare la crescita economica.

Infine, un terzo filone di sperimentazione riguarda le "startup societies" e le comunità online auto-organizzate. Con l'avvento di Internet e delle tecnologie digitali, è diventato sempre più facile per individui con interessi e valori condivisi connettersi tra loro e creare comunità virtuali, indipendentemente dalla loro ubicazione geografica. Queste comunità online, che spesso si basano su piattaforme decentralizzate e utilizzano criptovalute per le transazioni interne, possono essere viste come dei "proto-stati digitali", in cui gli individui sperimentano nuove forme di interazione sociale, di produzione economica e di autogoverno.

Un esempio interessante in questo senso è quello di "Bitnation", una piattaforma che si autodefinisce "la prima nazione virtuale decentralizzata, basata su blockchain". Bitnation offre ai suoi "cittadini" la possibilità di creare contratti digitali, di risolvere controversie attraverso un sistema di arbitrato online e di partecipare a un sistema di governance basato su smart contract. Sebbene Bitnation sia ancora un progetto di nicchia, esso dimostra come le tecnologie dell'algoritmo del potere possano essere utilizzate per costruire forme di organizzazione sociale alternative a quelle tradizionali.

Questi esempi, pur nella loro diversità, mostrano come il

sogno tecno-liberista di un mondo oltre lo stato-nazione stia iniziando a prendere forma, seppur in modo ancora embrionale e frammentario. Seasteading, charter cities e startup societies rappresentano altrettanti tentativi di creare spazi di autonomia e di sperimentazione al di fuori del controllo degli stati, sfruttando le opportunità offerte dalle nuove tecnologie.

Tuttavia, è importante sottolineare come questi progetti siano ancora in una fase iniziale e come il loro successo a lungo termine sia tutt'altro che scontato. Costruire isole artificiali, creare città autonome o fondare nazioni virtuali sono imprese complesse, che richiedono ingenti risorse, competenze tecnologiche avanzate e, soprattutto, la capacità di attrarre un numero significativo di persone disposte a sperimentare nuovi modelli di vita e di convivenza.

Inoltre, non bisogna dimenticare che questi progetti, per quanto innovativi, non sono esenti da rischi e da potenziali derive autoritarie. Chi controlla le infrastrutture tecnologiche su cui si basano queste nuove comunità? Come vengono prese le decisioni al loro interno? E come si garantiscono i diritti fondamentali degli individui, in assenza di un quadro normativo statale?

DAL POSSESSO ALL'ACCESSO: LA TRASFORMAZIONE CULTURALE ED ECONOMICA

L'ascesa dei "micro-stati tecnologici" e l'erosione della sovranità degli stati-nazione non sono solo fenomeni politici ed economici, ma anche e soprattutto culturali. L'algoritmo del potere, infatti, non si limita a trasformare le istituzioni e i rapporti di forza tra i diversi attori sociali, ma sta anche ridefinendo il nostro modo di vivere, di consumare, di relazionarci con gli altri e con il mondo che ci circonda.

Uno dei cambiamenti più significativi in atto è il passaggio epocale dal paradigma del possesso a quello dell'accesso. Se per secoli la proprietà di beni materiali è stata al centro del modello economico e sociale occidentale, oggi stiamo assistendo a una progressiva "dematerializzazione" del consumo e a una crescente preferenza per l'utilizzo temporaneo e condiviso di beni e servizi, mediato da piattaforme digitali.

Questo cambiamento è evidente in molti ambiti della nostra vita. Invece di acquistare CD o DVD, ascoltiamo musica e guardiamo film in streaming su piattaforme come Spotify e Netflix, pagando un abbonamento mensile per l'accesso a un vasto catalogo di contenuti. Invece di possedere un'automobile, utilizziamo servizi di car sharing come Share Now o Enjoy, o ci affidiamo a piattaforme di ride-hailing come Uber e Lyft per i nostri spostamenti. Anche la casa, tradizionalmente considerata il bene rifugio per eccellenza, sta diventando sempre più un servizio a cui si accede in modo flessibile, come dimostra il successo di Airbnb e di altre piattaforme di affitto a breve termine.

Questo fenomeno non riguarda solo i beni di consumo, ma si estende anche al mondo del lavoro e della produzione. Invece di assumere dipendenti a tempo pieno, molte aziende preferiscono affidarsi a freelance e a lavoratori a progetto, reclutati attraverso piattaforme online come Upwork o Fiverr. E invece di investire in costosi software e infrastrutture informatiche, sempre più aziende scelgono di utilizzare servizi di cloud computing, pagando solo per le risorse che effettivamente utilizzano.

Questo passaggio dal possesso all'accesso offre indubbi vantaggi in termini di flessibilità, comodità e, in molti casi, anche di risparmio economico. Non dobbiamo più preoccuparci di accumulare oggetti che occupano spazio e che invecchiano rapidamente, né di investire ingenti capitali in beni che poi rischiamo di non utilizzare appieno. Possiamo accedere a ciò di cui abbiamo bisogno, quando ne abbiamo bisogno, pagando solo per il tempo in cui lo utilizziamo. È la cosiddetta "sharing economy", o economia della condivisione, che promette di rendere il nostro stile di vita più leggero, efficiente e sostenibile.

Tuttavia, questo nuovo paradigma economico e culturale porta con sé anche rischi e implicazioni profonde per il nostro rapporto con la tecnologia, con l'economia e con la società nel suo complesso. Innanzitutto, la crescente dipendenza dalle piattaforme digitali per l'accesso a beni e servizi essenziali rafforza ulteriormente il potere dei "micro-stati tecnologici" che le controllano. Se l'accesso a un determinato servizio, come la mobilità, l'intrattenimento o il lavoro, è mediato da una piattaforma digitale, chi controlla quella piattaforma assume un potere enorme nel determinare chi può accedere a quel servizio, a quali condizioni e a quale prezzo.

Inoltre, il passaggio dal possesso all'accesso rischia di erodere il concetto stesso di proprietà e di responsabilità. Se non possediamo più i beni che utilizziamo, ma li "affittiamo" temporaneamente da una piattaforma, chi è responsabile della loro sicurezza, della loro manutenzione e del loro corretto utilizzo? E se un'azienda decide di interrompere un servizio o di modificare unilateralmente le condizioni di accesso, quali diritti abbiamo come utenti? Queste domande, ancora in gran parte senza risposta, evidenziano la necessità di ripensare le nostre categorie giuridiche ed economiche alla luce della trasformazione digitale in atto.

Infine, il modello dell'accesso, basato sull'utilizzo temporaneo e sulla condivisione, potrebbe avere implicazioni profonde sul nostro modo di concepire noi stessi e le nostre relazioni con gli altri. Se la nostra identità, come consumatori e come cittadini, è sempre più definita dalle piattaforme che utilizziamo e dai servizi a cui accediamo, che ne sarà del nostro senso di appartenenza a una comunità, a un luogo, a una tradizione? E se tutto, dalla musica che ascoltiamo ai libri che leggiamo, dai film che guardiamo ai viaggi che facciamo, diventa un'esperienza mediata da algoritmi e piattaforme

digitali, quale spazio rimarrà per la spontaneità, per l'impre-
visto, per la scoperta casuale?

Queste domande ci portano al cuore del problema dell'algoritmo del potere. Non si tratta solo di stabilire chi controlla
i dati e gli algoritmi, ma di comprendere come queste tecnologie stiano trasformando in profondità la nostra cultura, i
nostri valori, il nostro modo di vivere e di relazionarci con il
mondo. Il passaggio dal possesso all'accesso è solo un aspetto
di questa trasformazione, ma è un aspetto cruciale, che ci
obbliga a ripensare le fondamenta stesse della nostra società.

LE CONSEGUENZE DEL DECLINO

L'ascesa dei micro-stati tecnologici e il progressivo indeboli-
mento dello stato-nazione tradizionale, se non governati
adeguatamente, potrebbero portare a conseguenze di vasta
portata per l'ordine geopolitico, per la tenuta delle istituzioni
democratiche e per la vita stessa dei cittadini. Questo scenario, in cui il potere si frammenta e si concentra al tempo stesso
in nuove mani, al di fuori dei confini nazionali e delle strutture tradizionali, richiede una riflessione approfondita e un
ripensamento delle nostre categorie politiche ed economiche.

Una prima, evidente conseguenza riguarda la capacità
degli stati di esercitare la propria sovranità e di far rispettare
le leggi all'interno dei propri confini. Se una quota crescente
di transazioni economiche, di interazioni sociali e di flussi di
informazione avviene su piattaforme digitali controllate da
entità private, spesso con sede in altri paesi, come può uno
stato mantenere la propria autorità e garantire il rispetto delle
proprie leggi? Pensiamo, ad esempio, alla difficoltà di regolamentare i mercati finanziari decentralizzati basati su blockchain, o di contrastare la diffusione di fake news e di
propaganda su piattaforme social che operano su scala
globale.

Un altro aspetto critico riguarda la riscossione delle tasse.

Se le aziende tecnologiche possono operare in tutto il mondo, offrendo servizi digitali senza avere una presenza fisica significativa nei singoli paesi, come possono gli stati tassare equamente i loro profitti e finanziare i servizi pubblici? Il fenomeno dell'elusione fiscale da parte delle multinazionali, già oggi un problema rilevante, potrebbe aggravarsi ulteriormente con l'ascesa dei micro-stati tecnologici, minando le basi stesse del welfare state e dei servizi pubblici essenziali.

Ma le conseguenze del declino dello stato-nazione non si limitano all'ambito economico e fiscale. Anche la sicurezza nazionale è messa a dura prova da questa trasformazione. Se le infrastrutture critiche, come le reti energetiche o i sistemi di trasporto, sono sempre più dipendenti da tecnologie digitali controllate da aziende private, come può uno stato garantire la propria sicurezza in caso di attacco informatico o di crisi internazionale? E come si può difendere un paese da minacce ibride, come la propaganda online o la manipolazione algoritmica, se queste provengono da attori non statali che operano al di fuori della sua giurisdizione?

Inoltre, la frammentazione del potere e l'ascesa di entità non statali potenti potrebbero portare a un aumento dell'instabilità geopolitica e a una moltiplicazione dei conflitti. Immaginiamo un mondo in cui aziende tecnologiche, gruppi di mercenari digitali, organizzazioni criminali e movimenti politici transnazionali competono tra loro per il controllo delle risorse, delle infrastrutture e dei flussi di dati, senza che gli stati siano in grado di imporre un ordine o di garantire il rispetto delle regole. Questo scenario, che ricorda per certi versi il Medioevo europeo, con la sua pluralità di centri di potere in costante conflitto tra loro, potrebbe diventare realtà nel XXI secolo se non si interviene per tempo per governare l'algoritmo del potere.

Tuttavia, non è detto che questa evoluzione sia inevitabilmente negativa. Come abbiamo visto con l'analogia del Rinascimento italiano, la competizione tra diverse entità politiche ed economiche può anche stimolare l'innovazione, la creatività e il progresso. L'ascesa dei micro-stati tecnologici potrebbe portare a un mondo più dinamico e interconnesso, in cui gli individui hanno maggiori possibilità di scelta e di autorealizzazione.

La vera sfida, quindi, non è quella di opporsi a questa trasformazione, ma di governarla e contenerla in modo da massimizzarne i benefici e minimizzarne i rischi. Questo richiederà un ripensamento profondo del ruolo dello stato-nazione nell'era digitale, la creazione di nuove forme di cooperazione internazionale e, soprattutto, la definizione di un quadro etico e normativo all'altezza delle sfide poste dall'algoritmo del potere.

In particolare, sarà cruciale trovare un equilibrio tra la spinta alla decentralizzazione e alla frammentazione, da un lato, e la necessità di mantenere un certo grado di coordinamento e di controllo democratico, dall'altro. Come possiamo garantire che il potere non si concentri eccessivamente nelle mani di pochi attori, siano essi stati autoritari o giganti tecnologici? Come possiamo assicurare che le voci dei cittadini siano ascoltate e che i loro diritti siano tutelati, in un mondo sempre più dominato da entità transnazionali e da algoritmi opachi?

Queste domande non hanno risposte semplici e richiederanno un dibattito approfondito e inclusivo, che coinvolga non solo i governi e le aziende, ma anche la società civile, il mondo accademico e tutti i cittadini. Dobbiamo ripensare il concetto di sovranità nell'era digitale, immaginare nuove forme di rappresentanza e di partecipazione politica, e definire nuovi meccanismi di accountability per chi detiene il potere tecnologico.

In gioco non c'è solo il futuro dello stato-nazione, ma il futuro stesso della democrazia e della convivenza civile nell'era dell'algoritmo del potere. La sfida è aperta, e il tempo per affrontarla stringe. Ma dalle scelte che faremo nei prossimi anni dipenderà il destino delle generazioni future.

PARTE 3

OLTRE L'ALGORITMO: GOVERNARE IL
FUTURO

CAPITOLO 11
L'UMANO NELL'ALGORITMO

L'algoritmo del potere, questo intreccio sempre più fitto e pervasivo di intelligenza artificiale, big data, robotica, blockchain, biotecnologie e quantum computing, non è semplicemente un'evoluzione tecnologica tra le tante. Esso rappresenta un salto di paradigma, una forza trasformativa che sta rimodellando dalle fondamenta la società, l'economia, la politica e, in ultima analisi, la condizione umana stessa. Non siamo più di fronte a strumenti che si limitano ad amplificare le nostre capacità fisiche o a estendere la nostra portata sensoriale, come è avvenuto con le tecnologie del passato. Stiamo entrando in un'era in cui la tecnologia inizia a intrecciarsi con la nostra stessa essenza, a influenzare il nostro modo di pensare, di decidere, di relazionarci, di percepire noi stessi e il mondo che ci circonda.

Le tecnologie convergenti che compongono l'algoritmo del potere, infatti, non si limitano a "fare" qualcosa per noi, ma ambiscono a "essere" qualcosa di noi, o quantomeno a diventare una nostra estensione quasi imprescindibile. Pensiamo agli assistenti virtuali che ci suggeriscono cosa comprare, che musica ascoltare, quale strada percorrere. Pensiamo agli algoritmi dei social media che selezionano le informazioni a cui siamo esposti, influenzando le nostre opinioni e le nostre emozioni. Pensiamo alle biotecnologie che promettono di modificare il nostro corpo e di potenziare le nostre capacità cognitive. E pensiamo, infine, al quantum computing, che si prepara a fornire a questo sistema una potenza di calcolo tale da rendere possibili scenari al limite della nostra attuale comprensione.

In questo contesto, in cui la tecnologia si fa sempre più autonoma, pervasiva e intrecciata con la nostra stessa biologia, diventa cruciale porre al centro del dibattito le questioni etiche e di responsabilità. Chi controlla l'algoritmo del potere? In base a quali principi viene sviluppato e applicato? Quali sono i suoi effetti, non solo a livello individuale, ma anche a livello sociale, politico e, in prospettiva, sull'evoluzione stessa della specie umana? E, soprattutto, come possiamo garantire che questo immenso potere venga utilizzato per il bene comune, per costruire un futuro più giusto, inclusivo e sostenibile, e non per fini di controllo, di sopraffazione o di profitto per pochi?

IL PARADOSSO DEL PROGRESSO

La storia dell'umanità è una storia di progresso, un cammino costellato di scoperte e innovazioni che hanno migliorato le condizioni di vita, allungato la durata media della vita e ampliato a dismisura le nostre conoscenze sul mondo e su noi stessi. Eppure, questo cammino non è stato lineare, né privo di contraddizioni. Accanto alle innegabili conquiste, troviamo infatti pagine oscure, segnate da guerre, oppressione, disuguaglianze e sfruttamento dell'ambiente. Ogni balzo in avanti, ogni nuova tecnologia, ha portato con sé non solo benefici, ma anche sfide inedite, dilemmi etici e, talvolta, conseguenze nefaste e non previste.

Questo apparente paradosso, in cui il progresso si accompagna a nuove problematiche, è in realtà una costante della storia umana. Basti pensare all'invenzione dell'agricoltura, nel Neolitico, che da un lato ha permesso di superare la precarietà della vita da cacciatori-raccoglitori e ha posto le basi per lo sviluppo di società complesse, dall'altro ha portato a una maggiore sedentarietà, alla diffusione di nuove malattie e a una crescente disuguaglianza sociale. La scoperta della metallurgia, che ha permesso di creare strumenti più efficaci, ha al contempo dato origine a conflitti più sanguinosi e a forme di dominio basate sulla forza militare.

Anche la rivoluzione industriale, con le sue macchine a vapore e la produzione di massa, ha rappresentato un enorme balzo in avanti in termini di produttività e di benessere materiale, ma ha anche generato sfruttamento operaio, inquinamento e un allargamento del divario tra ricchi e poveri. L'avvento dell'elettricità, pur migliorando in modo straordinario la qualità della vita, ha contribuito alla nascita di una civiltà sempre più dipendente dai consumi energetici e sempre più scollegata dai ritmi naturali. E la stessa energia nucleare, che nelle intenzioni originarie doveva fornire energia pulita e illimitata, ha mostrato il suo lato oscuro con gli incidenti di Chernobyl e Fukushima, e con la minaccia, sempre incombente, delle armi atomiche.

Guardando più da vicino al XX secolo, il secolo delle grandi ideologie e dei conflitti mondiali, vediamo come il progresso scientifico e tecnologico sia stato spesso utilizzato per fini di distruzione e di sopraffazione. I gas asfissianti usati nelle trincee della Prima Guerra Mondiale, i bombardamenti a tappeto sulle città, lo sterminio sistematico nei campi di concentramento nazisti, fino alla bomba atomica sganciata su Hiroshima e Nagasaki: sono tutti esempi di come la tecnologia, in assenza di una guida etica e di una governance responsabile, possa essere utilizzata per causare sofferenze indicibili e per mettere a repentaglio la sopravvivenza stessa della specie umana.

Eppure, nonostante questi orrori, nonostante le guerre e le

distruzioni che hanno segnato il XX secolo, l'umanità è riuscita a compiere progressi straordinari. L'aspettativa di vita media è cresciuta in modo significativo, la mortalità infantile è crollata, molte malattie un tempo incurabili sono state debellate, l'analfabetismo è stato drasticamente ridotto, e la povertà estrema, pur non essendo ancora stata sradicata, è diminuita in molte parti del mondo. La Dichiarazione Universale dei Diritti Umani del 1948, pur tra mille difficoltà e contraddizioni, ha rappresentato un passo avanti fondamentale verso il riconoscimento della dignità e dei diritti inalienabili di ogni essere umano.

Questo ci insegna una lezione fondamentale: il progresso tecnologico non è intrinsecamente né buono né cattivo, ma è l'uso che ne facciamo a determinarne l'impatto sulla nostra vita e sul nostro futuro. La tecnologia è uno strumento, un mezzo, non un fine. E come tutti gli strumenti, può essere utilizzato per costruire o per distruggere, per liberare o per opprimere, per migliorare la condizione umana o per degradarla.

L'algoritmo del potere, con la sua capacità di elaborare informazioni, di automatizzare processi e di intervenire sulla realtà fisica e biologica, non fa eccezione a questa regola. Esso rappresenta una forza potentissima, che può essere utilizzata per fini nobili o per scopi nefasti. La sfida cruciale del nostro tempo è proprio questa: come governare l'algoritmo del potere in modo da massimizzarne i benefici e minimizzarne i rischi? Come indirizzare la convergenza tecnologica verso un futuro in cui l'intelligenza artificiale, robotica, i big data, la blockchain, le biotecnologie e il quantum computing siano al servizio dell'umanità, e non viceversa?

La risposta a queste domande non può che partire da una rinnovata consapevolezza della nostra responsabilità individuale e collettiva, e da una salda bussola etica che guidi le nostre scelte in questo territorio inesplorato. Dobbiamo, in altre parole, riaffermare il primato dell'umano sull'algoritmo,

mettendo al centro del dibattito non solo le potenzialità tecnologiche, ma anche e soprattutto i valori, i principi e i fini che
devono ispirare il nostro agire nell'era digitale.

LA RESPONSABILITÀ UMANA: GUIDARE L'INNOVAZIONE

La riflessione sul progresso tecnologico e sulle sue ambiva-
lenze, svolta nel sottocapitolo precedente, ci porta a una
conclusione ineludibile: nell'era dell'algoritmo del potere, la
responsabilità umana assume un'importanza ancora
maggiore che in passato. Se è vero che le tecnologie convergenti offrono opportunità straordinarie per migliorare la
nostra vita e per affrontare sfide globali, è altrettanto vero che
esse presentano rischi inediti e potenzialmente devastanti, che
richiedono un approccio etico e responsabile per essere
governati.

L'algoritmo del potere, infatti, non è un fenomeno naturale
che si sviluppa in modo autonomo e inarrestabile, ma il risultato di scelte umane, di decisioni prese da individui, aziende
e governi. Dietro ogni algoritmo, dietro ogni database, dietro
ogni sistema di intelligenza artificiale, ci sono persone che
progettano, sviluppano, implementano e utilizzano queste
tecnologie. E queste persone, che siano ingegneri, scienziati,
imprenditori o politici, hanno una responsabilità precisa
riguardo all'impatto delle loro creazioni sulla società e sul
futuro dell'umanità.

Questa responsabilità non può limitarsi a una generica
adesione a principi etici astratti, ma deve tradursi in azioni
concrete, in scelte progettuali, in pratiche operative che
mettano al centro il benessere dell'uomo e la salvaguardia del
pianeta. È necessario, in altre parole, passare da un'etica
"dichiarata" a un'etica "incorporata", integrata fin dall'inizio
nel processo di innovazione tecnologica. Questo approccio è
spesso definito come "etica by design" o "value sensitive desi-

gn": si tratta di concepire e sviluppare le tecnologie tenendo conto, fin dalle prime fasi della progettazione, dei valori etici che si intendono promuovere e dei possibili impatti sociali, non solo positivi ma anche negativi, che tali tecnologie potranno avere. Non si tratta di un optional, di un'aggiunta a posteriori, ma di un elemento costitutivo del processo di innovazione stesso.

Ad esempio, se si sta sviluppando un algoritmo di intelligenza artificiale per il riconoscimento facciale, è fondamentale chiedersi fin dall'inizio quali implicazioni esso potrà avere per la privacy e per le libertà civili. Quali dati verranno raccolti e come verranno utilizzati? Come si eviterà che l'algoritmo riproduca o amplifichi pregiudizi e discriminazioni esistenti? Come si garantirà la trasparenza e la comprensibilità delle sue decisioni? Queste domande non devono essere affrontate solo da filosofi o da esperti di etica, ma devono diventare parte integrante del lavoro quotidiano di chi progetta e sviluppa questi sistemi.

Un altro aspetto cruciale della responsabilità umana nell'era dell'algoritmo del potere riguarda la trasparenza e l'accountability. Chi controlla gli algoritmi che influenzano sempre più la nostra vita deve rendere conto del proprio operato, deve essere in grado di spiegare come funzionano i propri sistemi e quali criteri guidano le loro decisioni. Questo è particolarmente importante nel caso di algoritmi utilizzati in ambiti delicati come la giustizia, la sanità, l'istruzione o la sicurezza. Non possiamo accettare che decisioni importanti per la vita delle persone vengano prese da "scatole nere" algoritmiche, di cui non si conoscono né i meccanismi interni né i possibili bias.

La trasparenza, però, non basta. È necessario anche che ci siano meccanismi efficaci di controllo e di sanzione in caso di abusi o di malfunzionamenti. Se un algoritmo produce risultati discriminatori, o se un sistema di intelligenza artificiale viene utilizzato per fini illeciti, chi ne risponde? Quali sono le conseguenze per chi ha progettato, implementato o utilizzato in modo irresponsabile queste tecnologie? Queste domande richiedono una profonda revisione dei nostri quadri normativi e giuridici, per adeguarli alle sfide poste dall'algoritmo del potere.

Ma la responsabilità non riguarda solo chi crea e utilizza direttamente le tecnologie, ma l'intera società. Come cittadini, abbiamo il dovere di informarci, di partecipare al dibattito pubblico sulle implicazioni dell'algoritmo del potere, di esercitare una pressione democratica affinché queste tecnologie siano utilizzate in modo etico e responsabile. E abbiamo anche la responsabilità di sviluppare, ciascuno nel proprio piccolo, una maggiore consapevolezza digitale, una "data literacy" che ci permetta di non essere fruitori passivi, ma attori consapevoli e critici dell'era digitale.

L'algoritmo del potere non è un destino ineluttabile, ma una costruzione umana, il risultato delle nostre scelte, delle nostre priorità, dei nostri valori. Abbiamo la responsabilità, individuale e collettiva, di guidare questa costruzione verso un futuro in cui la tecnologia sia al servizio dell'uomo, e non viceversa. Un futuro in cui l'intelligenza artificiale, la robotica, i big data, la blockchain, le biotecnologie e il quantum computing siano utilizzati per ampliare le nostre possibilità, per migliorare la nostra vita e per costruire una società più giusta, più libera e più sostenibile. E per costruire questo futuro, l'etica e la responsabilità devono essere i principi guida, la bussola che orienta ogni nostra decisione in questo territorio inesplorato.

DATA LITERACY: UNO SCUDO CONTRO LA MANIPOLAZIONE E L'ESCLUSIONE

Come abbiamo visto nei capitoli precedenti, l'ecosistema convergente, pur offrendo opportunità straordinarie, presenta anche rischi significativi, tra cui la manipolazione algoritmica, la polarizzazione informativa e l'esclusione digitale. Ebbene, la data literacy rappresenta uno degli strumenti più efficaci che abbiamo a disposizione per difenderci da questi rischi e per costruire una società più consapevole, inclusiva e democratica.

Ma cosa intendiamo, esattamente, per "data literacy"? Pensate a come, nei secoli passati, saper leggere e scrivere ha trasformato il rapporto delle persone con il potere. Nel Medioevo, chi sapeva leggere - principalmente il clero e la nobiltà - aveva accesso alla conoscenza e quindi al potere. Chi non sapeva leggere dipendeva da altri per comprendere documenti, leggi, contratti. Oggi ci troviamo in una situazione simile con i dati e gli algoritmi: chi sa "leggerli" e "interpretarli" ha accesso a una forma di potere, mentre chi non possiede queste competenze rischia di diventare vittima di manipolazioni digitali.

La data literacy va ben oltre la semplice capacità tecnica di utilizzare Excel o di creare un grafico. È come la differenza tra saper decifrare le lettere dell'alfabeto e saper analizzare criticamente un testo letterario. Non basta saper leggere i numeri: bisogna capire da dove vengono, chi li ha raccolti e perché, quali storie raccontano e, soprattutto, quali storie potrebbero nascondere. È come essere detective dei dati: ogni dataset è una scena del crimine da analizzare con occhio critico, cercando indizi, collegamenti e possibili manipolazioni. Se l'alfabetizzazione tradizionale ci ha permesso di essere cittadini consapevoli nell'era della carta stampata, la data literacy è ciò che ci permetterà di essere cittadini attivi e consapevoli nell'era dell'algoritmo del potere.

Perché la data literacy è così importante come scudo contro la manipolazione e l'esclusione? In primo luogo, perché ci permette di sviluppare un "pensiero critico" nei confronti dei dati e degli algoritmi. In un mondo inondato da informazioni di ogni tipo, provenienti da fonti più o meno affidabili, la capacità di valutare criticamente la qualità dei dati, di individuare eventuali distorsioni o manipolazioni, e di comprendere i limiti e i presupposti degli algoritmi diventa essenziale per non cadere vittima di fake news, di campagne di disinformazione o di tentativi di influenza occulta. Pensiamo, ad esempio, alla diffusione di notizie false sui social media durante le campagne elettorali, o alla presenza di "bot" che amplificano artificialmente determinati messaggi politici. Un cittadino "data literate" è in grado di riconoscere i segnali di allarme di una possibile manipolazione, di verificare le fonti, di incrociare le informazioni e di formarsi un'opinione autonoma, basata su dati di fatto e non su slogan o su contenuti emotivamente coinvolgenti ma privi di fondamento.

In secondo luogo, la data literacy ci aiuta a comprendere e a gestire meglio il nostro rapporto con le piattaforme digitali e con gli algoritmi che ne governano il funzionamento. Come abbiamo visto, queste piattaforme raccolgono una quantità enorme di dati sulle nostre attività online, utilizzandoli per profilarci, per indirizzare i contenuti che visualizziamo e per influenzare le nostre scelte. Essere consapevoli di questi meccanismi, sapere quali dati vengono raccolti, come vengono utilizzati e con chi vengono condivisi, è il primo passo per riprendere il controllo della nostra vita digitale e per proteggere la nostra privacy. Ad esempio, un utente "data literate" sarà in grado di configurare in modo consapevole le impostazioni di privacy del proprio smartphone e dei propri account social, di utilizzare strumenti di navigazione anonima o di optare per servizi che offrono maggiori garanzie in termini di protezione dei dati.

In terzo luogo, la data literacy ci fornisce gli strumenti per comprendere e valutare le politiche pubbliche basate sui dati. Come abbiamo già sottolineato, i governi di tutto il mondo stanno utilizzando sempre più l'algoritmo del potere per prendere decisioni in ambiti cruciali come la sanità, l'istruzione, la sicurezza e la giustizia. Ma come possiamo giudicare se queste decisioni sono eque, efficaci e rispettose dei diritti dei cittadini, se non abbiamo le competenze per analizzare i dati su cui si basano e per comprendere, almeno a grandi linee, il funzionamento degli algoritmi utilizzati? La data literacy, in questo senso, diventa un presupposto essenziale per una partecipazione democratica informata e per il controllo civico sull'operato dei governi nell'era digitale.

Infine, la data literacy può contribuire a ridurre il "digital divide" e a promuovere una maggiore inclusione sociale ed economica. Come abbiamo visto in precedenza, l'accesso alle tecnologie digitali non è sufficiente a garantire una reale uguaglianza di opportunità. Senza le competenze per utilizzare in modo efficace e critico queste tecnologie, si rischia di creare nuove forme di esclusione, basate non più solo sulla disponibilità di risorse materiali, ma anche sul possesso di competenze digitali avanzate. Investire in data literacy, quindi, significa investire in capitale umano, offrendo a tutti, indipendentemente dal background socioeconomico, gli strumenti per partecipare pienamente alla società dell'informazione e per trarre vantaggio dalle opportunità offerte dall'algoritmo del potere.

PROMUOVERE LA DATA LITERACY: EDUCAZIONE, TRASPARENZA E PARTECIPAZIONE

Se la data literacy è uno strumento essenziale per difendere l'autonomia individuale e per promuovere una cittadinanza digitale attiva nell'era dell'algoritmo del potere, come possiamo diffondere queste competenze in modo capillare ed efficace? La sfida è quella di trasformare la data literacy da competenza di nicchia a patrimonio comune, da prerogativa di pochi a diritto di tutti. E per vincere questa sfida, è necessario un impegno congiunto e coordinato da parte di diversi attori: istituzioni educative, governi, aziende, media e società civile.

Un ruolo centrale, in questo senso, spetta al sistema educativo, dalla scuola primaria all'università. Integrare la data literacy nei curricula scolastici non significa semplicemente aggiungere qualche ora di informatica qua e là, ma ripensare l'intero impianto formativo in una prospettiva "data-centrica". Questo significa, ad esempio, insegnare agli studenti a raccogliere, organizzare e visualizzare dati in tutte le discipline, dalla matematica alla storia, dalla scienza alla letteratura. Significa sviluppare il pensiero computazionale, ovvero la capacità di scomporre problemi complessi in parti più semplici, di individuare schemi ricorrenti e di progettare soluzioni algoritmiche. Significa, soprattutto, educare a un approccio critico nei confronti dei dati, insegnando a valutarne l'affidabilità, a riconoscere i possibili bias e a mettere in discussione le narrazioni dominanti. Si tratta, in altre parole, di formare non semplici utenti di tecnologie digitali, ma cittadini consapevoli, in grado di comprendere e di utilizzare l'algoritmo del potere in modo critico e creativo.

Ma la scuola da sola non basta. È necessario promuovere anche iniziative di formazione e di sensibilizzazione rivolte agli adulti, per colmare il divario di competenze digitali che caratterizza le generazioni più anziane e per offrire opportunità di aggiornamento professionale a chi rischia di rimanere escluso dal mercato del lavoro a causa dell'automazione. In questo ambito, un ruolo importante può essere svolto dalle aziende, che hanno tutto l'interesse a investire nella formazione dei propri dipendenti, non solo per migliorarne la produttività, ma anche per creare un ambiente di lavoro più consapevole e preparato alle sfide dell'era digitale. Pensiamo, ad esempio, a corsi di formazione sull'analisi dei dati per i manager, o a programmi di upskilling e reskilling per i lavoratori che svolgono mansioni a rischio di automazione.

I governi, dal canto loro, devono assumersi la responsabilità di definire politiche e strategie nazionali per la promozione della data literacy, non solo nell'ambito dell'istruzione e della formazione, ma anche attraverso campagne di comunicazione pubblica e la creazione di servizi e piattaforme che facilitino l'accesso dei cittadini ai dati e la loro comprensione. Un esempio interessante, in questo senso, è rappresentato dai portali "open data" che molte amministrazioni pubbliche stanno realizzando per rendere disponibili, in formato aperto e facilmente consultabile, i dati relativi alle loro attività. Questi portali, se ben progettati e accompagnati da adeguati strumenti di visualizzazione e analisi, possono diventare un'importante risorsa per la data literacy dei cittadini, permettendo loro di conoscere meglio il funzionamento della pubblica amministrazione e di esercitare un controllo più efficace sull'operato dei decisori politici.

Un altro strumento fondamentale per promuovere la data literacy è la trasparenza algoritmica, resa comprensibile attraverso esempi concreti e quotidiani. Prendiamo, ad esempio, un semplice algoritmo di raccomandazione musicale: quando ascoltiamo una canzone su una piattaforma di streaming, l'algoritmo analizza diversi elementi come il genere musicale, il ritmo, gli artisti simili che abbiamo ascoltato in passato, e persino l'orario del giorno in cui tendiamo ad ascoltare certi tipi di musica. Se ascoltiamo spesso jazz contemporaneo la sera, l'algoritmo potrebbe suggerirci brani simili in quella fascia oraria. Questo esempio basilare ci aiuta a capire come gli algoritmi più complessi influenzino le nostre vite: raccolgono dati sul nostro comportamento, identificano pattern e prendono decisioni basate su queste informazioni.

Comprendere questi meccanismi di base è essenziale perché gli algoritmi, specialmente quelli basati sull'intelligenza artificiale, hanno un impatto crescente sulle nostre vite, dalle decisioni finanziarie alle opportunità lavorative. Le aziende tecnologiche dovrebbero quindi rendere questi processi più trasparenti, non solo documentando tecnicamente i propri algoritmi, ma spiegandoli in modo accessibile attraverso esempi pratici come quello musicale. Questo permetterebbe ai cittadini di capire meglio come vengono prese le decisioni che li riguardano e di identificare potenziali bias. Per esempio, se un algoritmo di selezione del personale tende a favorire sistematicamente candidati di un certo background, questa trasparenza permetterebbe di individuare e correggere tali distorsioni attraverso verifiche indipendenti.

Anche i media, e in particolare il giornalismo, hanno un ruolo cruciale da svolgere nella promozione della data literacy. Un giornalismo di qualità, basato sui dati e capace di analizzare criticamente l'operato dei poteri forti, sia pubblici che privati, è un presidio fondamentale della democrazia nell'era digitale. Iniziative come quelle del data journalism, che utilizzano tecniche di analisi e visualizzazione dei dati per investigare fenomeni complessi e per raccontare storie di interesse pubblico, vanno in questa direzione e andrebbero sostenute e diffuse.

Infine, la promozione della data literacy non può prescindere da un forte coinvolgimento della società civile, delle associazioni, dei movimenti e dei singoli cittadini. Ognuno di noi, nel suo piccolo, può contribuire a diffondere una maggiore consapevolezza sull'importanza dei dati e a promuovere un uso critico e responsabile delle tecnologie digitali.

CAPITOLO 12
GOVERNARE L'INEVITABILE

F ermare l'ascesa dell'algoritmo del potere è un'impresa impossibile, quindi l'unica strada è cercare di governare questa forza trasformativa. Il vero problema non è più se possiamo controllare queste tecnologie, ma come possiamo gestirle in modo da massimizzarne i benefici e minimizzarne i rischi.

Il problema fondamentale nella governance dell'algoritmo del potere è il divario crescente tra la velocità dell'innovazione tecnologica e la capacità delle nostre istituzioni di comprenderla e regolamentarla. Mentre una nuova tecnologia può essere sviluppata e distribuita globalmente in pochi mesi, il processo legislativo tradizionale richiede anni. Quando finalmente una legge viene approvata, spesso la tecnologia che intende regolare è già obsoleta.

LA CORSA IMPARI: VELOCITÀ TECNOLOGICA VS. LENTEZZA NORMATIVA

I progressi nell'innovazione tecnologica si susseguono a un ritmo sempre più serrato, mentre i processi legislativi e decisionali dei governi rimangono ancorati a logiche e a tempistiche che mal si adattano alla rapidità del cambiamento tecnologico. È come navigare in acque inesplorate con strumenti di navigazione obsoleti: la tecnologia ci spinge verso nuovi orizzonti con la forza di un motore a fusione, mentre i nostri sistemi di governance procedono con la lentezza di una bussola medievale.

Un esempio di questo disallineamento è il fenomeno dei "deepfake". Questi video, manipolati attraverso algoritmi di intelligenza artificiale, sono diventati, nel giro di pochi anni, estremamente realistici e facili da realizzare. Dalla loro prima apparizione nel 2017, la tecnologia è progredita a un ritmo impressionante, rendendo sempre più difficile distinguere un video autentico da uno falso. Questo ha creato enormi problemi in termini di disinformazione, manipolazione dell'opinione pubblica e sicurezza personale. Eppure, nonostante la rapida evoluzione di questa tecnologia e la sua crescente accessibilità, ci sono voluti anni prima che i legislatori iniziassero a comprendere appieno le implicazioni dei deepfake e a studiare possibili contromisure. E quando finalmente alcuni stati hanno iniziato a legiferare in materia, la tecnologia era già evoluta verso forme ancora più insidiose e difficili da regolamentare, come i "deepfake audio", in grado di imitare perfettamente la voce di una persona.

Questo ritardo tra l'emergere di una nuova tecnologia e la sua regolamentazione non è solo una questione di tempo, ma riflette un divario più profondo di comprensione. Un esempio emblematico di questa difficoltà è stata l'audizione di Mark Zuckerberg, fondatore e CEO di Facebook, davanti al Congresso americano nel 2018. Durante l'audizione, che doveva affrontare questioni cruciali come la privacy degli utenti, la diffusione di fake news e il ruolo di Facebook nelle elezioni, molti senatori e rappresentanti hanno dimostrato di non avere una comprensione neppure elementare del funzionamento dei social media e del modello di business basato sulla raccolta e l'analisi dei dati. Le loro domande, a tratti ingenue o fuorvianti, hanno evidenziato un preoccupante gap di competenze digitali tra i legislatori e il mondo che sono chiamati a governare.

Come possono, dunque, le nostre istituzioni prendere decisioni informate e lungimiranti su temi così complessi e cruciali per il futuro della società, se non comprendono appieno le tecnologie che sono alla base di questi cambiamenti?

Questo divario di comprensione non riguarda solo il rapporto tra politica e tecnologia, ma si estende a molti altri ambiti della società. I sistemi educativi faticano ad aggiornare i propri programmi per tenere il passo con l'evoluzione tecnologica, le aziende si trovano a dover gestire trasformazioni organizzative e produttive sempre più rapide e complesse, e i cittadini spesso si sentono disorientati e impotenti di fronte a un futuro sempre più incerto e difficile da decifrare.

Per affrontare questa sfida, non basta semplicemente "accelerare" i processi normativi o aumentare gli investimenti in ricerca e sviluppo. È necessario un cambio di paradigma nel nostro modo di concepire l'innovazione e il suo rapporto con la società. Dobbiamo passare da un approccio reattivo, che insegue affannosamente le ultime novità tecnologiche, a un approccio proattivo e anticipatorio, che cerchi di prevedere le implicazioni a lungo termine dell'algoritmo del potere e di indirizzarne lo sviluppo in modo consapevole e responsabile.

Questo significa investire massicciamente in educazione e in data literacy, per formare cittadini in grado di comprendere e utilizzare criticamente le nuove tecnologie. Significa anche promuovere una maggiore collaborazione tra scienziati, tecnologi, decisori politici e società civile, per sviluppare una visione condivisa del futuro digitale e per individuare le strategie più efficaci per governarlo. E significa, infine, ripensare le nostre istituzioni democratiche, rendendole più agili, più inclusive e più capaci di gestire la complessità e l'incertezza dell'era digitale.

Solo attraverso un approccio olistico e lungimirante, che metta al centro l'uomo e i suoi bisogni, potremo sperare di governare l'ingovernabile, trasformando l'algoritmo del potere da minaccia in opportunità, da strumento di controllo in fattore di progresso e di emancipazione per l'intera umanità. Il cammino è lungo e irto di ostacoli, ma la posta in gioco è troppo alta per rassegnarsi all'inerzia o alla paura. Il futuro è nelle nostre mani: costruiamolo insieme, con coraggio, intelligenza e responsabilità.

IL DIVARIO TRA INNOVAZIONE E COMPRENSIONE

Oltre al divario tra il ritmo dell'innovazione tecnologica e quello della regolamentazione, esiste un altro profondo iato che caratterizza l'era dell'algoritmo del potere: quello tra la crescente complessità dei sistemi tecnologici e la nostra capacità di comprenderli appieno. Questo divario cognitivo si manifesta a diversi livelli, dalla ricerca scientifica alla politica, dal mondo dell'impresa alla vita quotidiana dei cittadini, e rappresenta una sfida cruciale per la governance dell'ecosistema convergente e per il futuro stesso della nostra società.

Prendiamo, come esempio paradigmatico, l'intelligenza artificiale e in particolare il deep learning. I sistemi di IA basati su reti neurali profonde sono in grado di apprendere da enormi quantità di dati e di svolgere compiti complessi, come il riconoscimento di immagini, la traduzione linguistica e la guida autonoma, con una precisione spesso superiore a quella umana. Ma il rovescio della medaglia è che questi sistemi sono, in molti casi, delle vere e proprie "scatole nere": il loro funzionamento interno è talmente complesso e stratificato da risultare opaco e incomprensibile persino per i loro stessi creatori.

Immaginiamo una rete neurale con centinaia di strati e milioni di connessioni, addestrata a diagnosticare una malattia a partire da una radiografia. La rete, dopo essere stata "alimentata" con migliaia di immagini e relative diagnosi, impara a individuare pattern e correlazioni invisibili all'occhio umano, e può arrivare a formulare diagnosi più accurate di quelle di un medico specialista. Ma se chiedessimo alla rete di spiegarci il "ragionamento" che l'ha portata a una determinata diagnosi, non otterremmo una risposta comprensibile. La rete non segue regole logiche esplicite, ma opera attraverso una complessa interazione di pesi e connessioni tra i suoi neuroni artificiali, che si auto-aggiustano durante il processo di apprendimento. Il risultato è che, sebbene la rete possa essere estremamente efficace nel suo compito, il processo decisionale che la porta a quel risultato rimane, in larga misura, un mistero.

Questo problema, noto come "questione della spiegabilità" o "interpretabilità" dell'IA, è al centro di un intenso dibattito nella comunità scientifica e tra i regolatori. Da un lato, si riconosce che la mancanza di trasparenza dei sistemi di IA può minare la fiducia del pubblico e sollevare problemi etici e di responsabilità, soprattutto in ambiti delicati come la medicina, la giustizia o la sicurezza. Dall'altro, si ammette che la complessità intrinseca di questi sistemi rende estremamente difficile, se non impossibile, una loro completa spiegazione in termini comprensibili per un essere umano.

Ma il problema della complessità non riguarda solo l'IA. Anche le biotecnologie, con l'avvento dell'ingegneria genetica e della biologia sintetica, ci mettono di fronte a sistemi biologici di una complessità tale da sfidare la nostra capacità di comprensione e di previsione. Modificare il genoma di un organismo vivente, anche con tecniche precise come CRISPR, può avere conseguenze inattese e a lungo termine, che vanno ben oltre l'effetto immediato desiderato. Creare nuove forme di vita artificiale, o addirittura "vita minima" in laboratorio, come stanno cercando di fare alcuni biologi sintetici, solleva interrogativi etici e di sicurezza ancora più profondi, a cui è difficile dare risposte definitive in assenza di una piena comprensione dei meccanismi in gioco.

E che dire del quantum computing? Questa tecnologia, che si basa su principi controintuitivi della meccanica quantistica come la sovrapposizione e l'entanglement, rappresenta una sfida cognitiva non solo per i non addetti ai lavori, ma anche per molti fisici e informatici. Comprendere appieno il funzionamento di un computer quantistico e sviluppare algoritmi in grado di sfruttarne appieno le potenzialità richiede competenze altamente specialistiche e un modo di pensare radicalmente diverso da quello a cui siamo abituati con i computer classici.

Questo divario tra la complessità delle tecnologie che compongono l'algoritmo del potere e la nostra capacità di comprenderle appieno ha implicazioni di vasta portata per la governance e per la stessa tenuta democratica delle nostre società. Se i decisori politici non sono in grado di valutare in modo informato i rischi e le opportunità di queste tecnologie, come possono elaborare regolamentazioni efficaci e responsabili? E se i cittadini non hanno gli strumenti per comprendere, neppure a livello di base, come funzionano gli algoritmi che influenzano le loro vite, come possono esercitare un controllo democratico su queste tecnologie e sui loro utilizzatori?

Il rischio, concreto e già in parte visibile, è quello di una "tecnocrazia algoritmica", in cui le decisioni cruciali per il futuro della società vengono delegate a una ristretta élite di esperti e tecnologi, o peggio ancora, direttamente agli algoritmi stessi, senza un'adeguata supervisione democratica e senza una reale comprensione delle implicazioni etiche e sociali. Per scongiurare questo rischio, è necessario un impegno straordinario per colmare il divario di comprensione, investendo in ricerca, in educazione e in trasparenza.

La ricerca scientifica, in particolare, ha un ruolo cruciale da giocare. Da un lato, è necessario approfondire la nostra comprensione dei meccanismi di funzionamento delle tecnologie convergenti, sviluppando, ad esempio, tecniche di IA "spiegabile" e modelli più trasparenti di deep learning. Dall'altro, è fondamentale promuovere la ricerca interdisciplinare, che unisca le competenze tecniche con quelle umanistiche, per comprendere appieno le implicazioni sociali, etiche e politiche dell'algoritmo del potere.

In parallelo, come già sottolineato, è indispensabile investire in educazione per formare cittadini consapevoli e in grado di partecipare attivamente al dibattito pubblico sulle nuove tecnologie. Solo una cittadinanza informata e critica può esercitare un controllo efficace sull'operato dei governi e delle aziende tecnologiche, e contribuire a indirizzare l'innovazione verso un futuro più equo e sostenibile.

Infine, la trasparenza deve diventare un principio cardine nello sviluppo e nell'utilizzo dell'algoritmo del potere. Le aziende tecnologiche, in particolare, devono fare uno sforzo maggiore per rendere i loro algoritmi più comprensibili e per comunicare in modo chiaro e accessibile come raccolgono e utilizzano i dati degli utenti. I governi, dal canto loro, devono promuovere la trasparenza nell'uso di algoritmi e tecnologie di sorveglianza, e garantire che i cittadini abbiano accesso alle informazioni necessarie per valutare l'operato delle istituzioni.

LA NATURA TRANSNAZIONALE DELLA TECNOLOGIA

Se la velocità e la complessità dell'algoritmo del potere rappresentano sfide ardue per la governance tecnologica, un ulteriore elemento di difficoltà è dato dalla natura intrinsecamente transnazionale di queste tecnologie. L'ecosistema convergente, infatti, non si sviluppa all'interno dei confini nazionali, ma si dispiega su scala globale, con flussi di dati, algoritmi, piattaforme e infrastrutture che attraversano le frontiere e sfuggono, in larga misura, alle tradizionali forme di regolamentazione statale. Questa dimensione transnazionale, che caratterizza in modo particolare Internet e le tecnologie digitali, rende inadeguati gli strumenti normativi pensati per un mondo in cui gli stati-nazione erano gli attori principali e in cui i confini geografici avevano un significato ben più definito.

Prendiamo, ad esempio, i big data. Le informazioni generate dagli utenti in tutto il mondo vengono raccolte, elaborate e analizzate da aziende che spesso hanno sede in paesi diversi da quelli in cui operano. Un cittadino italiano che utilizza Facebook, ad esempio, genera dati che vengono trasferiti e conservati in server situati negli Stati Uniti o in altre parti del mondo, e che sono soggetti alle leggi di quei paesi in materia di privacy e di accesso ai dati da parte delle autorità. Questo crea una serie di problemi giuridici e politici di non facile soluzione. A quale legislazione sulla protezione dei dati deve sottostare un'azienda come Facebook? E come può un singolo stato tutelare efficacemente la privacy dei propri cittadini quando i loro dati sono conservati e trattati al di fuori dei propri confini nazionali?

Lo stesso problema si pone per la regolamentazione dell'intelligenza artificiale. Se un algoritmo sviluppato in Cina viene utilizzato per prendere decisioni automatizzate in Europa, quali regole devono essere applicate? E come si può garantire che quell'algoritmo rispetti i principi etici e le norme giuridiche europee in materia di non discriminazione, trasparenza e accountability? La questione diventa ancora più complessa se si considera che gli algoritmi di IA possono essere addestrati su dataset provenienti da tutto il mondo, e che possono quindi incorporare bias e pregiudizi culturali specifici di un determinato contesto nazionale.

Anche la blockchain, con la sua natura decentralizzata e transfrontaliera, pone sfide inedite ai regolatori. Le criptovalute, ad esempio, non sono emesse da banche centrali e non sono legate a un territorio specifico, ma vengono scambiate su piattaforme globali e possono essere utilizzate per effettuare transazioni in qualsiasi parte del mondo. Questo rende estremamente difficile per i singoli stati controllare i flussi di capitali, prevenire il riciclaggio di denaro e contrastare il finanziamento di attività illecite attraverso le criptovalute. Inoltre, la natura pseudonima delle transazioni su blockchain solleva interrogativi riguardo alla privacy e alla trasparenza, e alla possibilità di individuare e perseguire i responsabili di eventuali illeciti.

Questi esempi mostrano chiaramente come l'algoritmo del potere operi in uno spazio che trascende i confini nazionali e che sfugge, in larga parte, alle tradizionali forme di regolamentazione statale. Questo non significa che gli stati siano diventati impotenti di fronte all'avanzata delle tecnologie digitali, ma certamente impone di ripensare radicalmente i concetti di sovranità, di giurisdizione e di applicazione della legge nell'era di Internet.

Uno dei tentativi più significativi di affrontare questa sfida è rappresentato dal Regolamento Generale sulla Protezione dei Dati (GDPR) dell'Unione Europea. Entrato in vigore nel 2018, il GDPR ha introdotto una serie di norme stringenti in materia di raccolta, trattamento e conservazione dei dati personali, applicabili non solo alle aziende con sede nell'UE, ma a tutte le aziende che trattano dati di cittadini europei, indipendentemente da dove si trovino i loro server. Con il GDPR, l'Unione Europea ha cercato di fatto di "esportare" i propri standard di protezione dei dati a livello globale, imponendo alle aziende tecnologiche di adeguarsi alle sue regole se vogliono operare nel mercato europeo.

Sebbene il GDPR rappresenti un passo avanti importante nella tutela della privacy online, la sua efficacia a lungo termine è ancora incerta. Da un lato, molte aziende tecnologiche hanno effettivamente adeguato le proprie pratiche per conformarsi alle nuove norme, riconoscendo l'importanza del mercato europeo. Dall'altro, l'applicazione transfrontaliera del

GDPR solleva questioni complesse in termini di giurisdizione e di cooperazione internazionale, e non è chiaro fino a che punto l'UE sarà in grado di imporre le proprie regole ad aziende con sede in paesi con normative diverse, come gli Stati Uniti o la Cina.

Inoltre, il GDPR si concentra sulla protezione dei dati personali, ma non affronta direttamente altre questioni cruciali poste dall'algoritmo del potere, come la regolamentazione dell'intelligenza artificiale, la governance delle piattaforme digitali o la competizione geopolitica per il dominio tecnologico. Per affrontare queste sfide in modo efficace, sarà necessaria una cooperazione internazionale molto più stretta e la definizione di principi, standard e regole condivise a livello globale.

Tuttavia, la strada verso una governance globale dell'algoritmo del potere è irta di ostacoli. Le differenze tra i sistemi giuridici e politici dei vari paesi, la competizione tra le grandi potenze per la supremazia tecnologica e la mancanza di fiducia reciproca rendono difficile raggiungere un consenso su questioni così delicate e complesse. Inoltre, molti stati autoritari vedono in Internet e nelle tecnologie digitali uno strumento per rafforzare il proprio controllo interno, più che un'opportunità per la cooperazione internazionale.

Nonostante queste difficoltà, è cruciale che i governi, le organizzazioni internazionali, le aziende tecnologiche e la società civile inizino a lavorare insieme per costruire un quadro di governance globale per l'algoritmo del potere. Non si tratta di creare un "governo mondiale" di Internet, né di imporre un modello unico di regolamentazione a tutti i paesi, ma di definire principi e standard condivisi che permettano di gestire in modo responsabile ed equo le tecnologie convergenti, nel rispetto dei diritti fondamentali e dei principi democratici. Questo richiederà un impegno senza precedenti in termini di dialogo, di negoziazione e di cooperazione tra tutti gli attori in gioco, per evitare che il futuro digitale sia dominato da un'unica potenza, da un'unica azienda o da un'unica visione del mondo.

MODELLI DI GOVERNANCE EMERGENTI

Di fronte alle sfide poste dalla velocità, dalla complessità e dalla natura transnazionale dell'algoritmo del potere, diventa sempre più evidente che i modelli tradizionali di governance, basati sulla centralizzazione del potere decisionale nello stato-nazione e su una regolamentazione rigida e top-down, sono ormai inadeguati. Per governare l'ingovernabile, per indirizzare l'ecosistema convergente verso un futuro sostenibile e inclusivo, è necessario ripensare radicalmente i nostri approcci alla governance, sperimentando modelli più flessibili, distribuiti e adattivi.

Un primo elemento chiave di questi nuovi modelli è il superamento della dicotomia stato-mercato, pubblico-privato, a favore di un approccio multi-stakeholder, che coinvolga attivamente tutti gli attori rilevanti: governi, aziende, organizzazioni internazionali, società civile, comunità di ricerca e singoli cittadini. Questo significa creare piattaforme di dialogo e di collaborazione in cui i diversi interessi, le diverse competenze e le diverse prospettive possano confrontarsi e integrarsi nella definizione di regole, standard e buone pratiche per l'algoritmo del potere.

Un esempio interessante di questo approccio multi-stakeholder è rappresentato dall'Internet Governance Forum (IGF), un forum globale, promosso dalle Nazioni Unite, che riunisce ogni anno rappresentanti di governi, aziende, società civile e comunità tecnica per discutere di questioni relative alla governance di Internet. Sebbene l'IGF non abbia un potere decisionale vincolante, esso rappresenta un importante spazio di dialogo e di elaborazione di principi e raccomandazioni che possano poi essere recepiti a livello nazionale o regionale.

Un altro modello emergente è quello della "governance

algoritmica", in cui gli algoritmi stessi vengono utilizzati per supportare i processi decisionali e per automatizzare, almeno in parte, la regolamentazione e il controllo. Questo non significa, ovviamente, sostituire le decisioni umane con quelle delle macchine, ma utilizzare l'intelligenza artificiale per analizzare grandi quantità di dati, individuare tendenze, prevedere rischi e suggerire possibili interventi. Ad esempio, si potrebbero utilizzare algoritmi di machine learning per monitorare in tempo reale il rispetto delle normative ambientali da parte delle aziende, o per individuare e contrastare la diffusione di fake news sui social media. La blockchain, con la sua capacità di creare registri immutabili e trasparenti, potrebbe essere utilizzata per certificare la provenienza dei dati utilizzati dagli algoritmi e per garantire la tracciabilità delle decisioni automatizzate.

Tuttavia, la governance algoritmica solleva anche questioni cruciali in termini di trasparenza, responsabilità e controllo democratico. Chi decide quali dati utilizzare per addestrare gli algoritmi? Come si garantisce che gli algoritmi non siano discriminatori o non riproducano i pregiudizi esistenti? E come si assicura che le decisioni automatizzate siano sempre soggette a una supervisione umana e a un controllo democratico? Queste domande richiedono una riflessione approfondita e un dibattito pubblico allargato, per evitare che la governance algoritmica si trasformi in una forma di tecnocrazia opaca e non responsabile.

Un terzo modello emergente è quello dell'autoregolamentazione da parte delle aziende tecnologiche, che, in assenza di regolamentazioni statali stringenti, stanno iniziando a definire autonomamente principi etici e codici di condotta per lo sviluppo e l'utilizzo dell'algoritmo del potere. Molti colossi del tech, come Google, Microsoft e Facebook, hanno pubblicato propri "principi etici" per l'intelligenza artificiale, impegnandosi a rispettare valori come la trasparenza, l'equità, la non discriminazione e la privacy. Tuttavia, l'autoregolamentazione, per quanto utile, non può essere l'unica risposta. Esiste infatti il rischio che le aziende utilizzino questi principi etici come una sorta di "schermo" per evitare regolamentazioni esterne più stringenti, o che li interpretino in modo troppo flessibile e a proprio vantaggio. Per questo, l'autoregolamentazione deve essere integrata con meccanismi di controllo e di verifica esterni, che coinvolgano governi, organizzazioni indipendenti e la società civile.

In questo contesto, si stanno diffondendo anche nuovi approcci alla regolamentazione, come il "sandboxing" regolatorio. Si tratta di creare ambienti di sperimentazione controllata, in cui le aziende possono testare nuove tecnologie e nuovi modelli di business in deroga ad alcune normative esistenti, ma sotto la supervisione delle autorità di regolamentazione. Questo approccio permette di valutare in modo più empirico e pragmatico l'impatto delle innovazioni, prima di definire regole generali e astratte che potrebbero rivelarsi inadeguate o controproducenti.

Infine, un elemento chiave per una governance efficace dell'algoritmo del potere è la promozione di una cultura della responsabilità e dell'etica tra tutti gli attori coinvolti, a partire dagli sviluppatori e dai ricercatori. Non si tratta solo di rispettare le leggi esistenti, ma di adottare un approccio proattivo all'innovazione, interrogandosi costantemente sulle possibili implicazioni sociali, etiche e politiche delle nuove tecnologie, e cercando di anticipare e mitigare i rischi prima che si concretizzino. Questo richiede un dialogo costante tra tecnologi, esperti di etica, decisori politici e cittadini, per costruire una visione condivisa del futuro digitale e per definire i principi e i valori che devono guidare lo sviluppo e l'utilizzo dell'algoritmo del potere.

BILANCIARE INNOVAZIONE E CONTROLLO

Dopo aver esplorato le sfide e i modelli emergenti di governance per l'algoritmo del potere, arriviamo a un nodo cruciale: come trovare il giusto equilibrio tra la promozione dell'innovazione tecnologica e la necessità di regolamentare e controllare i suoi possibili effetti negativi? Questo equilibrio non è statico, ma dinamico e in continua evoluzione, e richiede un approccio flessibile e lungimirante, capace di adattarsi ai rapidi cambiamenti del panorama tecnologico.

Da un lato, è innegabile che l'innovazione tecnologica, in particolare quella legata all'ecosistema convergente, sia un motore fondamentale per il progresso economico, sociale e scientifico. Il futuro che ci aspetta promette di migliorare la nostra vita in innumerevoli modi, dalla cura delle malattie alla lotta al cambiamento climatico, dall'ottimizzazione dei processi produttivi alla creazione di nuove forme di arte e di comunicazione. Frenare eccessivamente l'innovazione, significherebbe rinunciare a queste opportunità e rischiare di rimanere indietro in un mondo sempre più competitivo e tecnologicamente avanzato.

Dall'altro lato, però, non possiamo ignorare i rischi che un'innovazione incontrollata e non regolamentata comporta per la società, per la democrazia e per lo stesso futuro dell'umanità. L'algoritmo del potere può essere utilizzato per fini nefasti, dalla sorveglianza di massa alla manipolazione algoritmica, dalla creazione di armi autonome alla concentrazione di un potere senza precedenti nelle mani di pochi attori. Lasciare che l'innovazione proceda senza alcun controllo, senza principi etici condivisi e senza regole efficaci, significherebbe aprire la porta a scenari distopici che metterebbero a repentaglio le nostre libertà, la nostra sicurezza e la nostra stessa umanità.

Trovare il giusto equilibrio tra questi due imperativi, apparentemente contrapposti, è la sfida cruciale che ci attende. Non esiste una soluzione semplice o una formula magica, ma è necessario un approccio olistico e articolato, che combini diversi strumenti e strategie.

I governi e le organizzazioni internazionali possono promuovere l'innovazione responsabile attraverso finanziamenti alla ricerca, sgravi fiscali e altri incentivi per quelle aziende e quei progetti che dimostrano di rispettare principi etici e di contribuire al bene comune. Ad esempio, si potrebbero premiare le aziende che sviluppano sistemi di IA trasparenti e spiegabili, o che investono in tecnologie per la data literacy e per l'inclusione digitale. Si potrebbe pensare a una sorta di "certificazione etica" per gli algoritmi, che premi le aziende più virtuose e responsabili.

Un altro strumento è quello delle restrizioni e dei divieti mirati, da applicare con cautela e solo in quei casi in cui i rischi di una determinata tecnologia appaiono superiori ai potenziali benefici. Ad esempio, molti esperti di etica dell'IA chiedono un bando globale per lo sviluppo di armi autonome letali, in grado di prendere decisioni di vita o di morte senza un significativo controllo umano. Allo stesso modo, potrebbe essere necessario vietare o limitare fortemente alcune applicazioni particolarmente rischiose del riconoscimento facciale o della sorveglianza biometrica, per tutelare la privacy e le libertà civili.

Fondamentale, in questo contesto, è anche il principio di precauzione, un principio che dovrebbe guidare l'innovazione in tutti i campi in cui i rischi sono elevati e le conoscenze scientifiche ancora incerte. Questo principio suggerisce che, in assenza di una piena comprensione delle possibili conseguenze a lungo termine di una nuova tecnologia, sia prudente adottare un approccio cauto, privilegiando la sicurezza e la prevenzione dei danni rispetto al perseguimento del massimo profitto o del massimo vantaggio competitivo nel breve termine. Applicato all'algoritmo del potere, il principio di precauzione implica un'attenta valutazione dei rischi, un monitoraggio costante degli sviluppi tecnologici e una predisposizione ad adottare misure restrittive, anche in assenza di certezze assolute, quando sono in gioco valori fondamentali come la vita umana, la dignità, la libertà e la sicurezza globale.

Infine, per bilanciare innovazione e controllo è essenziale un monitoraggio continuo e un adattamento costante delle regole e delle politiche in materia di tecnologia. L'algoritmo del potere evolve troppo rapidamente per poter essere governato con norme statiche e immutabili nel tempo. È necessario, quindi, creare meccanismi di revisione periodica delle regolamentazioni, basati su dati empirici e su una valutazione continua dell'impatto delle tecnologie sulla società. Questo richiede anche una stretta collaborazione tra i diversi attori coinvolti: governi, aziende, ricercatori, organizzazioni della società civile e cittadini. Solo attraverso un dialogo costante e un confronto aperto sarà possibile individuare le soluzioni migliori per governare l'innovazione e per indirizzarla verso un futuro sostenibile e inclusivo.

In conclusione, la sfida di bilanciare innovazione e controllo nell'era dell'algoritmo del potere è una delle più complesse e cruciali del nostro tempo. Non si tratta di scegliere tra libertà e sicurezza, tra progresso e responsabilità, ma di trovare un equilibrio dinamico e sostenibile tra questi valori, tenendo conto della rapidità del cambiamento tecnologico e della complessità delle sue implicazioni. La posta in gioco è altissima: si tratta di costruire un futuro in cui la tecnologia sia al servizio dell'uomo, e non viceversa. Un futuro in cui l'algoritmo del potere sia una forza di emancipazione, e non di oppressione. E per raggiungere questo obiettivo, dovremo mettere in campo tutta la nostra intelligenza, la nostra creatività e la nostra capacità di cooperazione, a livello nazionale e globale.

CAPITOLO 13
POLITICHE GLOBALI

L'algoritmo del potere è un fenomeno intrinsecamente globale. Le tecnologie che lo compongono si sviluppano e si diffondono in un ecosistema interconnesso che trascende i confini nazionali. I dati fluiscono liberamente attraverso le frontiere, gli algoritmi operano su scala planetaria, le piattaforme digitali connettono miliardi di persone in tutto il mondo. Eppure, la governance di queste tecnologie è ancora frammentata, legata a normative nazionali o, al massimo, regionali, che faticano a tenere il passo con la velocità e la pervasività del cambiamento tecnologico.

Questa discrepanza tra la natura transnazionale dell'algoritmo del potere e l'approccio frammentario alla sua regolamentazione crea una serie di sfide e di rischi che mettono a repentaglio la stabilità, la sicurezza e l'equità del sistema globale. Se ogni paese adotta le proprie regole, senza un coordinamento internazionale, si rischia di creare un "far west" digitale, un mondo senza legge in cui a prevalere sono gli interessi dei singoli stati o, peggio ancora, quelli delle grandi aziende tecnologiche che operano al di sopra delle regole.

Uno dei rischi di questa frammentazione è l'incertezza

giuridica per le aziende e per i cittadini. Se un'azienda che opera in più paesi deve rispettare normative diverse in materia di privacy, di sicurezza informatica o di utilizzo dell'intelligenza artificiale, i costi di compliance aumentano e l'innovazione può essere frenata. Ad esempio, un'azienda che sviluppa un'applicazione di IA per la diagnosi medica potrebbe dover adattare l'algoritmo a standard diversi a seconda del paese in cui l'applicazione viene utilizzata, con un aggravio di costi e di tempi di sviluppo. Allo stesso tempo, i cittadini possono trovarsi in una situazione di confusione e di scarsa tutela, non sapendo quali regole si applicano ai servizi digitali che utilizzano e a quali autorità rivolgersi in caso di problemi.

Un altro rischio è quello di una "corsa al ribasso" (race to the bottom) in termini di standard etici e di protezione dei diritti. Se alcuni paesi adottano normative più permissive di altri, ad esempio in materia di privacy o di utilizzo di algoritmi di riconoscimento facciale, si crea un incentivo per le aziende a spostare le proprie attività in quei paesi, aggirando le regole più stringenti e creando di fatto delle "zone franche" digitali. Questo potrebbe portare a una progressiva erosione degli standard di tutela a livello globale, a danno dei cittadini e della stessa tenuta dei sistemi democratici.

La frammentazione normativa può anche ostacolare la cooperazione internazionale su temi cruciali come la sicurezza informatica. Se ogni paese adotta standard diversi per la protezione delle infrastrutture digitali e per la gestione degli incidenti informatici, diventa molto più difficile coordinare una risposta efficace ad attacchi informatici su larga scala, che spesso hanno origine in un paese e colpiscono sistemi e utenti in molti altri paesi. Pensiamo, ad esempio, alla difficoltà di contrastare la diffusione di malware o di ransomware attraverso le frontiere nazionali, o alla necessità di condividere informazioni sensibili tra agenzie di intelligence di diversi paesi per prevenire attacchi terroristici o crimini informatici.

La mancanza di un quadro normativo condiviso a livello globale favorisce inoltre la competizione geopolitica tra le grandi potenze per il dominio tecnologico, in particolare nel campo dell'intelligenza artificiale e del quantum computing. Stati Uniti, Cina e Unione Europea stanno investendo ingenti risorse per sviluppare queste tecnologie, con l'obiettivo di acquisire un vantaggio strategico in termini economici, militari e di intelligence. Questa competizione, se non governata da regole condivise, rischia di innescare una nuova "corsa agli armamenti" tecnologici, con conseguenze potenzialmente destabilizzanti per l'intero ordine mondiale.

Infine, la frammentazione normativa rischia di aggravare il divario digitale tra paesi ricchi e paesi poveri. Se solo i paesi più avanzati hanno le risorse e le competenze per sviluppare e implementare regolamentazioni efficaci per l'algoritmo del potere, si crea il rischio di un "colonialismo digitale", in cui i paesi più poveri sono costretti ad adottare passivamente le tecnologie e le regole imposte dai paesi più ricchi, senza poter partecipare alla loro definizione e senza poter tutelare adeguatamente i propri interessi e i propri valori.

Per evitare questi rischi, è indispensabile superare l'approccio frammentato e nazionale alla governance dell'algoritmo del potere e costruire un quadro di cooperazione internazionale più solido e inclusivo. Si tratta di definire principi e standard condivisi che possano orientare le politiche nazionali e favorire la convergenza verso un ecosistema digitale più sicuro.

COSTRUIRE UN TERRENO COMUNE

Se la frammentazione normativa rappresenta un serio ostacolo alla governance efficace dell'algoritmo del potere, diventa prioritario costruire un terreno comune a livello internazionale, individuando principi e standard condivisi che possano orientare lo sviluppo e l'utilizzo delle tecnologie convergenti. Questo non significa, ovviamente, imporre un'unica regolamentazione globale, uniformando approcci e culture diverse, ma piuttosto definire un quadro di riferimento valoriale e normativo sufficientemente ampio e flessibile da poter essere adattato ai diversi contesti nazionali e regionali, pur garantendo un livello minimo di coerenza e di interoperabilità a livello globale.

Ma su quali principi fondare questo terreno comune? Quali valori devono guidare la governance dell'algoritmo del potere in un mondo sempre più interconnesso, ma anche sempre più frammentato e conflittuale?

Un cardine fondamentale, ampiamente condiviso a livello internazionale, è quello della trasparenza e della spiegabilità degli algoritmi, in particolare di quelli basati sull'intelligenza artificiale. La crescente complessità e opacità di molti sistemi di IA solleva preoccupazioni in termini di accountability, di equità e di controllo democratico. Per questo, è essenziale che chi sviluppa e utilizza algoritmi si impegni a renderne il funzionamento il più possibile trasparente e comprensibile, documentando i dati utilizzati per l'addestramento, i criteri decisionali adottati e i possibili bias incorporati nel sistema. Questo non significa necessariamente rendere pubblici i codici sorgente di tutti gli algoritmi, ma piuttosto garantire un livello di trasparenza sufficiente a permettere una valutazione esterna e indipendente del loro impatto e della loro correttezza.

Altro principio fondamentale è quello dell'equità e della non discriminazione. Gli algoritmi possono riprodurre e amplificare i pregiudizi presenti nei dati o nella società, creando nuove forme di esclusione e di discriminazione. Diventa quindi cruciale che chi sviluppa e utilizza algoritmi si impegni a individuare e a correggere i possibili bias, garantendo che i sistemi di IA trattino tutti gli individui in modo equo e imparziale, indipendentemente dal loro genere, etnia, religione, orientamento sessuale o status socioeconomico. Questo richiede un approccio proattivo, che parta da un'attenta selezione e pulizia dei dati di addestramento, e che preveda meccanismi di monitoraggio e di auditing continuo degli algoritmi per individuarne e correggerne eventuali derive discriminatorie.

Centrale nel dibattito internazionale è anche il principio della "privacy by design" e "by default". Questo approccio prevede che la protezione dei dati personali sia integrata fin dalla progettazione nei sistemi tecnologici e che le impostazioni predefinite siano sempre quelle più rispettose della privacy degli utenti. In un'era in cui la raccolta e l'analisi dei dati sono diventate la norma, questo principio diventa fondamentale per garantire che gli individui mantengano il controllo sulle proprie informazioni personali e non siano soggetti a una sorveglianza pervasiva e indiscriminata.

Oltre a questi principi generali, si stanno definendo standard tecnici specifici per diversi ambiti di applicazione dell'algoritmo del potere. Ad esempio, nel campo della sicurezza informatica, sono stati sviluppati standard internazionali per la crittografia, per l'autenticazione e per la gestione sicura delle identità digitali. Questi standard, se adottati su larga scala, possono contribuire a rendere l'ecosistema digitale più sicuro e resiliente agli attacchi informatici.

Nel campo delle biotecnologie, si stanno definendo standard etici e di sicurezza per la ricerca e l'applicazione dell'editing genomico, al fine di prevenire usi irresponsabili o pericolosi di questa tecnologia. Organizzazioni come l'Organizzazione Mondiale della Sanità (OMS) e l'UNESCO stanno svolgendo un ruolo importante in questo processo, promuovendo linee guida e raccomandazioni per una governance responsabile delle biotecnologie a livello globale.

La costruzione di un terreno comune per la governance dell'algoritmo del potere è un processo complesso e in continua evoluzione, che richiede la partecipazione attiva e consapevole di tutti gli attori in gioco. Solo attraverso un dialogo aperto, inclusivo e informato potremo sperare di definire regole e principi condivisi che ci permettano di cogliere le straordinarie opportunità offerte dall'ecosistema convergente, minimizzando al contempo i rischi per la nostra libertà, la nostra sicurezza e il nostro futuro.

VERSO ACCORDI E TRATTATI INTERNAZIONALI

Definire principi e standard condivisi per la governance dell'algoritmo del potere è un passo fondamentale, ma non sufficiente. Perché questi principi non rimangano mere dichiarazioni di intenti, è necessario tradurli in accordi e trattati internazionali vincolanti, che impegnino gli stati a rispettarli e a farli rispettare. Solo attraverso un quadro normativo solido e condiviso a livello globale sarà possibile gestire efficacemente i rischi e cogliere le opportunità dell'ecosistema convergente.

La sfida, tuttavia, è tutt'altro che semplice. L'algoritmo del potere è un fenomeno transnazionale, che sfugge alle tradizionali logiche di regolamentazione basate sui confini nazionali. Inoltre, le diverse visioni strategiche e i diversi interessi geopolitici delle grandi potenze rendono difficile raggiungere un consenso su questioni così delicate e complesse. La competizione per il dominio tecnologico, in particolare nel campo dell'intelligenza artificiale e del quantum computing, si intreccia con le tradizionali rivalità politiche e militari, creando un clima di sfiducia che ostacola la cooperazione internazionale.

Nonostante queste difficoltà, alcuni segnali incoraggianti si intravedono all'orizzonte. Un numero crescente di paesi riconosce la necessità di un approccio comune alla governance dell'algoritmo del potere, e si stanno moltiplicando le iniziative multilaterali volte a definire regole condivise.

I "Principi sull'Intelligenza Artificiale" adottati nel 2019 dall'OCSE, a cui hanno aderito oltre 40 paesi, rappresentano un importante passo verso la definizione di un quadro etico e normativo per lo sviluppo e l'utilizzo dell'IA. Questi principi, che sottolineano l'importanza della trasparenza, dell'equità, della sicurezza e della responsabilità umana nell'IA, possono servire da base per la negoziazione di accordi più vincolanti a livello internazionale.

Anche l'Unione Europea sta svolgendo un ruolo di primo piano in questo ambito. Con il già citato GDPR, l'UE ha stabilito uno standard globale per la protezione dei dati personali, influenzando le legislazioni di molti altri paesi. E con l'AI Act, attualmente in fase di discussione, l'UE si propone di regolamentare l'intelligenza artificiale in base a un approccio basato sul rischio, vietando le applicazioni più pericolose e imponendo obblighi stringenti per i sistemi ad alto rischio. Sebbene l'AI Act sia una normativa europea, è probabile che essa avrà un impatto significativo anche al di fuori dell'UE, spingendo le aziende tecnologiche globali ad adeguarsi ai suoi standard per poter operare nel mercato europeo.

Anche le Nazioni Unite sono impegnate su questo fronte. Il Segretario Generale António Guterres ha definito l'intelligenza artificiale una "questione esistenziale" per l'umanità e ha auspicato la creazione di un'agenzia internazionale per l'IA, sul modello dell'Agenzia Internazionale per l'Energia Atomica (AIEA). Sebbene questa proposta sia ancora in fase embrionale, essa riflette la crescente consapevolezza, ai massimi livelli istituzionali, della necessità di una governance globale dell'algoritmo del potere.

Tuttavia, la strada verso accordi internazionali vincolanti è ancora lunga e irta di ostacoli. Uno dei nodi da sciogliere riguarda la questione delle armi autonome letali, i cosiddetti "killer robots". Mentre alcuni paesi, come la Germania e la Francia, spingono per un bando internazionale di questi sistemi, altri, come gli Stati Uniti, la Russia e la Cina, si oppongono a qualsiasi limitazione che possa frenare la loro corsa agli armamenti in questo campo. Il rischio è che, in assenza di un accordo globale, la proliferazione di armi autonome diventi incontrollabile, con conseguenze potenzialmente devastanti per la sicurezza internazionale.

Un altro ambito critico è quello della regolamentazione delle piattaforme digitali globali. Le Big Tech esercitano un potere enorme, che trascende i confini nazionali e sfugge alle tradizionali forme di controllo democratico. Raggiungere un accordo internazionale su come regolamentare queste piattaforme, in termini di concorrenza, privacy, trasparenza algoritmica e responsabilità per i contenuti, sarà una delle sfide più ardue per la governance globale dell'algoritmo del potere.

In questo contesto, un ruolo importante può essere giocato dalle coalizioni regionali o di "paesi affini", che condividono valori e principi simili in materia di tecnologia e diritti umani. Queste coalizioni, come ad esempio l'Unione Europea o il G7, possono fungere da apripista, sviluppando normative e standard che poi, in un secondo momento, possono essere estesi a livello globale.

In definitiva, la costruzione di un quadro normativo internazionale per l'algoritmo del potere richiederà un impegno di lungo periodo, una forte volontà politica e una capacità di negoziazione e di compromesso da parte di tutti gli attori coinvolti. Non sarà un percorso facile, né privo di battute d'arresto. Ma è un percorso necessario, se vogliamo che il XXI secolo sia un secolo di progresso e di cooperazione, e non di conflitto e di frammentazione. La posta in gioco è altissima: si tratta di definire le regole del gioco per un futuro in cui la tecnologia sarà sempre più intrecciata con ogni aspetto della nostra vita, individuale e collettiva.

COOPERAZIONE TECNOLOGICA E CAPACITY BUILDING

La governance dell'algoritmo del potere non può limitarsi alla definizione di principi e alla stipula di accordi internazionali, per quanto importanti essi siano. Per costruire un futuro in cui le tecnologie convergenti siano davvero al servizio dell'umanità, è necessario affiancare alla regolamentazione un'azione concreta e coordinata per promuovere la cooperazione tecnologica a livello globale e per colmare il divario digitale tra paesi e tra individui. Non si tratta solo di una questione di equità, ma anche di efficacia: un approccio inclusivo e collaborativo è l'unico modo per massimizzare i benefici dell'algoritmo del potere e per minimizzarne i rischi a livello planetario.

Un aspetto cruciale riguarda l'accesso alle tecnologie e alle infrastrutture digitali. Esiste ancora un profondo "digital divide" tra paesi sviluppati e paesi in via di sviluppo, e tra aree urbane e rurali all'interno dello stesso paese. Questo divario non riguarda solo la disponibilità di connessioni Internet a banda larga o di dispositivi di ultima generazione, ma anche e soprattutto l'accesso alle competenze, alle conoscenze e alle risorse necessarie per utilizzare in modo efficace e consapevole le tecnologie dell'algoritmo del potere.

Per colmare questo divario, è necessario un impegno congiunto da parte di governi, organizzazioni internazionali e settore privato. Da un lato, i governi dei paesi più avanzati e le organizzazioni come le Nazioni Unite, la Banca Mondiale e il Fondo Monetario Internazionale devono aumentare gli investimenti in infrastrutture digitali nei paesi in via di sviluppo, promuovendo la diffusione di connessioni a banda larga, la creazione di data center e lo sviluppo di competenze locali. Dall'altro, le aziende tecnologiche possono svolgere un ruolo importante nel rendere le loro tecnologie più accessibili e inclusive, ad esempio sviluppando interfacce utente semplificate, offrendo servizi a basso costo o gratuiti per le fasce di popolazione più svantaggiate, e investendo nella formazione digitale nei paesi emergenti.

Strettamente connesso è il "capacity building", ovvero il rafforzamento delle capacità scientifiche, tecnologiche e istituzionali dei paesi in via di sviluppo in materia di algoritmo del potere. Non si tratta solo di trasferire tecnologie "da Nord a Sud", ma di creare le condizioni affinché ogni paese possa sviluppare un proprio ecosistema dell'innovazione, in grado di adattare e utilizzare le tecnologie convergenti in base alle proprie specifiche esigenze e priorità.

Questo richiede investimenti nella ricerca scientifica, nella formazione di ricercatori, ingegneri e tecnici locali, e nella creazione di istituzioni dedicate alla governance dell'algoritmo del potere. Richiede anche una maggiore cooperazione tra paesi a diversi livelli di sviluppo, attraverso programmi di scambio di conoscenze, di collaborazione scientifica e di trasferimento tecnologico, evitando però di replicare modelli di dipendenza o di "colonialismo digitale". L'obiettivo deve essere quello di promuovere un'autentica "sovranità digitale" per tutti i paesi, permettendo a ciascuno di essi di partecipare attivamente alla definizione delle regole del gioco e di beneficiare appieno delle opportunità offerte dall'algoritmo del potere.

Fondamentale è anche la promozione di una ricerca e di un'innovazione responsabili a livello globale. Le tecnologie convergenti sollevano questioni etiche e di sicurezza di portata planetaria, che non possono essere affrontate da un singolo paese o da una singola organizzazione. È necessario, quindi, creare piattaforme di collaborazione internazionale per la ricerca su temi come l'etica dell'IA, la sicurezza del quantum computing e della robotica, la biosicurezza e la governance dei big data.

Queste piattaforme dovrebbero coinvolgere non solo scienziati e tecnologi, ma anche esperti di scienze sociali, giuristi, filosofi, rappresentanti della società civile e cittadini comuni. L'obiettivo è quello di anticipare i possibili rischi e le implicazioni sociali delle tecnologie emergenti, e di sviluppare soluzioni tecnologiche e normative che siano al tempo stesso innovative ed eticamente sostenibili. Un esempio positivo in questo senso è il "Global Partnership on Artificial Intelligence" (GPAI), un'iniziativa lanciata nel 2020 da un gruppo di paesi, tra cui Canada, Francia, Germania, India, Giappone, Regno Unito e Stati Uniti, con l'obiettivo di promuovere una collaborazione internazionale per lo sviluppo e l'utilizzo responsabile dell'IA.

Infine, la cooperazione internazionale deve estendersi anche alla condivisione di dati e di algoritmi per il bene comune. In molti ambiti, come la ricerca medica, la lotta al cambiamento climatico o la gestione delle emergenze, la condivisione di dati su larga scala e l'utilizzo di algoritmi di IA per analizzarli può portare a progressi decisivi, a beneficio dell'intera umanità. Tuttavia, la condivisione di dati sensibili solleva questioni di privacy, di sicurezza e di proprietà intellettuale che devono essere attentamente valutate e gestite. Un possibile modello, come abbiamo visto in precedenza, è quello di utilizzare la blockchain per creare "mercati di dati" sicuri e trasparenti, in cui i dati vengono condivisi in modo controllato e nel rispetto dei diritti dei soggetti coinvolti.

In conclusione, la governance dell'algoritmo del potere non può prescindere da una cooperazione tecnologica internazionale e da un impegno globale per il capacity building e per l'innovazione responsabile. Solo attraverso un'azione coordinata e inclusiva sarà possibile colmare il divario digitale, promuovere uno sviluppo equo e sostenibile e garantire che i benefici dell'ecosistema convergente siano accessibili a tutti i paesi e a tutti gli individui. Il futuro dell'algoritmo del potere, e il futuro stesso dell'umanità nell'era digitale, dipenderanno in larga misura dalla nostra capacità di collaborare a livello globale, di condividere conoscenze e risorse, e di costruire insieme un futuro in cui la tecnologia sia davvero al servizio del bene comune.

GOVERNARE L'ALGORITMO DEL POTERE

La sfida che abbiamo di fronte non è tecnologica, ma politica e, in ultima analisi, etica. Non si tratta di stabilire se l'algoritmo del potere sia di per sé "buono" o "cattivo", ma di decidere come vogliamo utilizzarlo, quali valori vogliamo incorporare nei sistemi tecnologici che stiamo costruendo e quale tipo di società vogliamo creare per noi e per le generazioni future.

La posta in gioco è altissima. Se non saremo in grado di governare l'algoritmo del potere in modo saggio, equo e lungimirante, rischiamo di trovarci di fronte a un futuro distopico, caratterizzato da una concentrazione di potere senza precedenti nelle mani di pochi, da una sorveglianza pervasiva, da disuguaglianze crescenti e da conflitti geopolitici sempre più aspri e imprevedibili. Uno scenario in cui l'uomo, invece di essere il signore della tecnologia, ne diventa lo schiavo, soggetto a un controllo algoritmico opaco e ineluttabile.

Ma questo futuro non è ineluttabile. Abbiamo ancora la possibilità di indirizzare l'evoluzione dell'algoritmo del potere verso esiti positivi, di trasformare questa straordinaria ondata di innovazione tecnologica in un'opportunità unica per costruire un mondo più giusto, più sicuro e più sostenibile. Per farlo, però, dobbiamo agire ora, con decisione e con una visione chiara del futuro che vogliamo.

Questo richiede un impegno senza precedenti per la cooperazione internazionale. Nessun paese, per quanto potente, può sperare di governare da solo l'algoritmo del potere. È necessaria una governance globale, che coinvolga tutti gli stati, le organizzazioni internazionali, le aziende tecnologiche, la comunità scientifica e la società civile in un dialogo aperto e costruttivo. Dobbiamo superare le divisioni e le rivalità geopolitiche per concentrarci su ciò che ci unisce: la necessità di garantire che il progresso tecnologico sia al servizio dell'umanità, e non viceversa.

Dobbiamo inoltre investire massicciamente nella ricerca sull'etica e sulla sicurezza dell'algoritmo del potere, per comprendere a fondo i rischi e per sviluppare soluzioni tecnologiche e normative che siano al tempo stesso efficaci e rispettose dei diritti umani. Dobbiamo promuovere un'innovazione responsabile, guidata da principi etici condivisi e orientata al bene comune, e non solo al profitto o al vantaggio strategico di pochi.

L'educazione e la data literacy devono essere messe al centro delle nostre strategie per il futuro. Solo cittadini consapevoli e informati possono esercitare un controllo democratico sull'algoritmo del potere e partecipare attivamente alla costruzione di un futuro digitale più equo e inclusivo. Dobbiamo formare una nuova generazione di cittadini digitali, dotati non solo di competenze tecniche, ma anche di una profonda comprensione delle implicazioni sociali, etiche e politiche delle tecnologie emergenti.

Infine, dobbiamo avere il coraggio di ripensare i nostri modelli sociali, economici e politici alla luce delle sfide poste dall'algoritmo del potere. Dobbiamo chiederci come garantire la protezione sociale e la redistribuzione della ricchezza in un mondo in cui il lavoro umano potrebbe essere sempre più marginale. Come preservare la privacy e la libertà individuale in una società sempre più monitorata e interconnessa. Come ridefinire il concetto stesso di cittadinanza e di partecipazione democratica nell'era digitale.

Governare l'algoritmo del potere è la sfida cruciale del nostro tempo. Una sfida che non possiamo permetterci di perdere, se vogliamo che il futuro sia un futuro di speranza, e non di paura. Abbiamo la responsabilità, individuale e collettiva, di guidare l'innovazione tecnologica verso un orizzonte di progresso, di giustizia e di sostenibilità per tutti. Abbiamo le conoscenze, le risorse e le capacità per farlo. Ciò che serve, ora, è la volontà politica, la visione strategica e la capacità di agire insieme, come comunità globale, per costruire il futuro che vogliamo. E il tempo per agire è adesso, prima che l'ingovernabile diventi l'irreversibile.

CAPITOLO 14
DARE FORMA AL DOMANI

Siamo giunti a un punto di svolta, l'algoritmo del potere, con la sua convergenza di tecnologie, sta ridisegnando il mondo a una velocità senza precedenti. Ignorare questa trasformazione, o cercare di arginarla con strumenti obsoleti, sarebbe non solo inutile, ma anche pericoloso. È giunto il momento, per i policy maker di tutto il mondo, di assumersi la responsabilità di governare questa forza dirompente, indirizzandola verso un futuro in cui la tecnologia sia al servizio del bene comune e non di interessi particolari o di visioni distopiche.

Le seguenti 11 raccomandazioni, frutto dell'analisi sviluppata nei capitoli precedenti, offrono una roadmap concreta per affrontare questa sfida epocale. Esse non sono, ovviamente, esaustive né tantomeno rappresentano soluzioni semplici a problemi complessi. Vogliono piuttosto stimolare il dibattito pubblico e fornire spunti operativi per un'azione politica lungimirante ed efficace. Non si tratta di indicazioni da seguire alla lettera, ma di principi guida da adattare alle specifiche realtà nazionali e internazionali, e da implementare attraverso un dialogo costante tra tutti gli attori coinvolti:

governi, organizzazioni internazionali, aziende, mondo accademico e società civile.

1. INVESTIRE IN UN'EDUCAZIONE PER L'ERA DIGITALE

Come ampiamente discusso nel Capitolo 11, la data literacy, ovvero la capacità di comprendere, analizzare e utilizzare criticamente i dati, è una competenza fondamentale per la cittadinanza digitale e per l'esercizio dei propri diritti nell'era dell'algoritmo del potere. I policy maker hanno il dovere di promuovere questa competenza a tutti i livelli, a partire dalla scuola. Non si tratta solo di insegnare le basi dell'informatica o della programmazione, ma di sviluppare il pensiero computazionale, la capacità di ragionare in modo logico e algoritmico, di comprendere i principi della statistica e della probabilità, e di valutare criticamente le informazioni online.

Immaginiamo un sistema scolastico in cui gli studenti, fin dalle elementari, imparino a creare e gestire un database, a visualizzare i dati in modo efficace, a riconoscere i bias negli algoritmi e a proteggere la propria privacy online. Immaginiamo programmi di formazione continua per gli adulti, che permettano loro di aggiornare le proprie competenze digitali e di rimanere al passo con l'evoluzione tecnologica. E immaginiamo campagne di sensibilizzazione rivolte a tutta la popolazione, per spiegare in modo semplice e accessibile come funzionano gli algoritmi che governano i social media, i motori di ricerca e le piattaforme di e-commerce. Questo investimento in educazione e in data literacy è il presupposto essenziale per costruire una società in grado di affrontare le sfide dell'algoritmo del potere in modo consapevole e democratico. Un esempio concreto potrebbe essere quello di seguire il modello dell'Estonia, nazione all'avanguardia nel campo dell'alfabetizzazione digitale, che ha introdotto l'insegnamento del coding e del pensiero computazionale fin dalle scuole primarie.

2. PROMUOVERE UN'INNOVAZIONE TECNOLOGICA RESPONSABILE ED ETICA

Se la data literacy è fondamentale per i cittadini, un'etica della responsabilità deve guidare l'azione delle aziende e dei ricercatori che sviluppano e implementano le tecnologie dell'algoritmo del potere. I policy maker hanno il compito di creare un ambiente favorevole all'innovazione, ma anche di stabilire regole chiare e principi etici condivisi che orientino lo sviluppo tecnologico verso il bene comune.

Un primo passo in questa direzione potrebbe essere la creazione di un "Fondo per l'Innovazione Etica", un fondo pubblico-privato che finanzi progetti di ricerca e sviluppo in ambiti come l'intelligenza artificiale, le biotecnologie e il quantum computing, premiando quei progetti che dimostrano di integrare considerazioni etiche e sociali fin dalle prime fasi della progettazione. Questo fondo potrebbe, ad esempio, finanziare la ricerca su un'IA "spiegabile", trasparente e non discriminatoria, o lo sviluppo di biotecnologie per la produzione di energia pulita e per la lotta al cambiamento climatico. I criteri di accesso a questo fondo dovrebbero essere chiari e trasparenti, e dovrebbero premiare i progetti che dimostrano di avere un potenziale impatto positivo sulla società.

Un altro strumento utile potrebbe essere la creazione di una rete di "Living Lab Etici", sul modello dei living lab già esistenti in ambito tecnologico, ma con un focus specifico sull'etica e sulla responsabilità sociale. Questi laboratori dovrebbero essere spazi di co-creazione e di sperimentazione, in cui cittadini, ricercatori, aziende e istituzioni collaborano per sviluppare e testare soluzioni tecnologiche innovative, valutandone l'impatto sociale ed etico in contesti reali e con il coinvolgimento diretto degli utenti finali. Immaginiamo, ad esempio, un living lab dedicato alla mobilità urbana, in cui vengono sperimentati sistemi di trasporto autonomo basati sull'IA, con il coinvolgimento attivo dei cittadini nella progettazione del servizio e nella valutazione dei suoi benefici e dei suoi possibili rischi.

Inoltre, i policy maker potrebbero promuovere l'adozione di un "Passaporto di Responsabilità Tecnologica", un sistema di certificazione volontario che attesti l'aderenza delle aziende a specifici standard etici e di responsabilità sociale nello sviluppo e nell'utilizzo dell'algoritmo del potere. Questo passaporto potrebbe includere criteri relativi alla trasparenza degli algoritmi, alla protezione dei dati, all'equità e alla non discriminazione, all'impatto ambientale e alla sostenibilità sociale. Le aziende che ottengono la certificazione potrebbero beneficiare di incentivi fiscali, di un accesso facilitato a finanziamenti pubblici e di un vantaggio reputazionale sul mercato.

3. REGOLAMENTARE L'ALGORITMO DEL POTERE: TRASPARENZA, ACCOUNTABILITY E CONTROLLO

Se l'innovazione responsabile e l'etica by design sono fondamentali, non si può prescindere da una regolamentazione efficace dell'algoritmo del potere, che stabilisca limiti chiari all'azione di governi e aziende, che tuteli i diritti fondamentali dei cittadini e che garantisca un'equa distribuzione dei benefici e dei rischi.

Un primo ambito di intervento riguarda la trasparenza algoritmica. I cittadini hanno il diritto di sapere quali algoritmi influenzano le loro vite, come funzionano a grandi linee e quali dati utilizzano. Le aziende e i governi, da parte loro, hanno il dovere di rendere i loro sistemi algoritmici il più possibile trasparenti e comprensibili, documentandone il funzionamento, esplicitando i criteri decisionali e sottoponen-doli a verifiche indipendenti per individuare e correggere eventuali distorsioni o discriminazioni. Si potrebbe, ad esem-pio, istituire un "Registro Pubblico degli Algoritmi", in cui vengono catalogati e descritti in modo accessibile tutti gli algoritmi utilizzati dalla pubblica amministrazione e da aziende che operano in settori di rilevanza pubblica.

Un secondo ambito di intervento riguarda la protezione dei dati personali e la privacy. Il GDPR europeo rappresenta un modello importante in questo senso, ma è necessario un impegno costante per la sua applicazione efficace e per il suo aggiornamento alla luce delle nuove sfide poste dall'ecosistema convergente. Inoltre, si dovrebbe valutare l'introduzione di nuovi diritti, come il "diritto alla disconnessione" o il "diritto alla spiegazione algoritmica", che permettano ai cittadini di esercitare un maggiore controllo sul proprio rapporto con le tecnologie digitali.

Un terzo ambito cruciale è quello della cybersecurity. La crescente interconnessione e digitalizzazione di infrastrutture critiche, come le reti energetiche, i trasporti e i sistemi sanitari, le rende sempre più vulnerabili ad attacchi informatici, con conseguenze potenzialmente devastanti. È necessario, quindi, investire in sistemi di sicurezza informatica all'avanguardia e promuovere la cooperazione internazionale per la prevenzione e il contrasto del cybercrimine. Si potrebbe, ad esempio, creare "un'Agenzia Europea per la Cybersecurity", con il compito di coordinare le difese informatiche a livello continentale e di sviluppare standard di sicurezza comuni per le infrastrutture critiche.

Infine, per evitare che l'algoritmo del potere si trasformi in uno strumento di oppressione o di discriminazione, è fondamentale definire limiti chiari al suo utilizzo in ambiti sensibili come la giustizia, la sicurezza e la sorveglianza. Ad esempio, si potrebbe vietare l'uso di sistemi di riconoscimento facciale in spazi pubblici, o limitarne l'utilizzo a casi specifici e ben definiti, previa autorizzazione da parte di un giudice indipendente. E si potrebbe stabilire per legge che le decisioni cruciali per la vita delle persone, come la concessione di un prestito o l'accesso a un beneficio sociale, non possano essere delegate interamente ad algoritmi, ma debbano sempre prevedere un controllo e una valutazione umana.

4. GOVERNARE LA TRANSIZIONE: SICUREZZA, RESILIENZA E ADATTAMENTO

L'avvento dell'algoritmo del potere, con la sua capacità di automatizzare un numero crescente di attività e di trasformare interi settori dell'economia, pone sfide cruciali in termini di sicurezza, resilienza e adattamento sociale. I policy maker devono quindi adottare un approccio lungimirante, che non si limiti a gestire l'esistente, ma che prepari la società ad affrontare i cambiamenti strutturali che ci attendono.

Una prima necessità è quella di garantire la sicurezza delle tecnologie emergenti, non solo dal punto di vista della cybersecurity, ma anche in termini di affidabilità, robustezza e capacità di resistere a eventi imprevisti. Per questo, è fondamentale la creazione di un "Centro Nazionale per la Sicurezza delle Tecnologie Emergenti", un ente dotato di laboratori specializzati e di team multidisciplinari di ricercatori ed esperti, con il compito di testare e validare i sistemi di IA, i dispositivi robotici, le applicazioni biotecnologiche e le infrastrutture quantistiche prima della loro diffusione su larga scala. Questo centro dovrebbe operare in stretta collaborazione con le università, con i centri di ricerca e con le aziende, e dovrebbe avere un budget dedicato e un'autonomia operativa che gli permettano di agire in modo rapido ed efficace.

Un secondo aspetto cruciale è quello di costruire una società più resiliente ai cambiamenti tecnologici, in grado di adattarsi alle trasformazioni del mercato del lavoro e di assorbire gli shock causati dall'automazione. Questo richiede, da un lato, un investimento massiccio nella formazione e nella riqualificazione professionale, per permettere ai lavoratori di acquisire le competenze richieste dall'economia digitale. Dall'altro, è necessario ripensare i sistemi di welfare e di protezione sociale, per garantire una rete di sicurezza a chi perde il lavoro a causa dell'automazione e per promuovere una più equa distribuzione dei benefici derivanti dall'innovazione tecnologica. Si potrebbe, ad esempio, sperimentare forme di reddito di base universale o di "dividendo digitale", finanziato attraverso la tassazione dei profitti generati dall'algoritmo del potere.

Infine, per anticipare e gestire al meglio i cambiamenti futuri, è utile istituire un "Osservatorio Tecnologico Nazionale", un ente permanente con il compito di monitorare gli sviluppi delle tecnologie emergenti, di analizzarne i possibili impatti a lungo termine e di elaborare scenari previsionali per supportare le decisioni dei policy maker. Questo osservatorio dovrebbe coinvolgere esperti di diversi ambiti, dalle scienze naturali alle scienze sociali, dall'etica alla filosofia, e dovrebbe operare in stretto contatto con analoghe istituzioni a livello internazionale.

5. UNA GOVERNANCE MULTILIVELLO E COLLABORATIVA PER L'ERA DIGITALE

Per governare efficacemente l'algoritmo del potere, non basta intervenire a livello nazionale. È necessaria una governance multilivello, che integri l'azione dei singoli stati con quella di istituzioni regionali, sovranazionali e internazionali, e che coinvolga attivamente tutti gli stakeholder, dalle aziende alla società civile. L'obiettivo deve essere quello di creare un sistema di governance "a rete", flessibile e adattivo, in grado di rispondere alle sfide di un ecosistema tecnologico in continua evoluzione.

A livello nazionale, i governi dovrebbero dotarsi di un

"Consiglio per la Governance Tecnologica", un organismo di alto livello, con una rappresentanza di tutti gli stakeholder (governo, industria, accademia, società civile) e con poteri decisionali vincolanti in materia di politiche tecnologiche. Questo consiglio dovrebbe avere il compito di coordinare l'azione dei diversi ministeri e agenzie governative, assicurando coerenza e visione strategica, e di promuovere il dialogo e la collaborazione tra settore pubblico e settore privato. Dovrebbe, inoltre, disporre di un budget dedicato e di uno staff permanente di esperti, per poter svolgere le proprie funzioni in modo efficace e continuativo.

A livello locale, si potrebbe creare un network di "Hub Territoriali per l'Innovazione Responsabile", centri di competenza distribuiti sul territorio, con il compito di supportare le amministrazioni locali nella gestione della trasformazione digitale, di fornire formazione continua ai funzionari pubblici e di fare da interfaccia con i cittadini e le imprese. Questi hub potrebbero anche promuovere la sperimentazione di nuove tecnologie in contesti reali, secondo il modello dei "living lab", e facilitare la partecipazione dei cittadini alle decisioni riguardanti l'utilizzo dell'algoritmo del potere a livello locale.

A livello internazionale, è indispensabile rafforzare la cooperazione tra stati e promuovere la creazione di una piattaforma globale per la governance dell'algoritmo del potere. Questa piattaforma, che potrebbe assumere la forma di un'agenzia specializzata delle Nazioni Unite o di un nuovo organismo internazionale ad hoc, dovrebbe avere il compito di definire standard tecnici e principi etici condivisi, di promuovere la ricerca e la condivisione di buone pratiche, di facilitare il dialogo tra i diversi attori e di gestire i conflitti e le controversie legate all'uso transnazionale delle tecnologie convergenti. Un esempio di azione concreta potrebbe essere la creazione di un "Digital Peace Corps", un'organizzazione internazionale dedicata a supportare i paesi in via di sviluppo nell'implementazione sicura ed etica delle tecnologie emergenti, fornendo expertise, risorse e formazione.

Un altro strumento innovativo potrebbe essere la creazione di "Digital Policy Labs", laboratori di policy making istituiti a livello locale, nazionale e sovranazionale, in cui tecnologie emergenti vengono studiate e sperimentate in relazione a specifici contesti, con il coinvolgimento di tutti gli stakeholder rilevanti. Questi laboratori potrebbero servire da "banchi di prova" per nuove forme di regolamentazione, per valutare l'impatto sociale delle tecnologie e per promuovere un'innovazione responsabile e inclusiva.

6. PROMUOVERE UN'INNOVAZIONE RESPONSABILE E INCLUSIVA

La governance dell'algoritmo del potere non può limitarsi a regolamentare e controllare, ma deve anche promuovere attivamente un'innovazione tecnologica che sia intrinsecamente responsabile, etica e inclusiva. Questo significa sostenere la ricerca e lo sviluppo di tecnologie che siano progettate fin dall'inizio per rispettare i diritti fondamentali, per essere trasparenti e comprensibili, e per contribuire al benessere sociale e ambientale.

Uno strumento utile in questo senso potrebbe essere l'istituzione di un "Fondo per l'Innovazione Etica", un fondo pubblico-privato che finanzi progetti di ricerca e sviluppo in ambiti come l'intelligenza artificiale, le biotecnologie e il quantum computing, premiando quei progetti che dimostrano di integrare considerazioni etiche e sociali fin dalle prime fasi della progettazione. Questo fondo potrebbe, ad esempio, finanziare la ricerca su algoritmi di IA "spiegabili" e non discriminatori, o lo sviluppo di biotecnologie per la produzione di energia pulita e per la lotta al cambiamento climatico. I criteri di accesso a questo fondo dovrebbero essere chiari e trasparenti, e dovrebbero premiare i progetti che dimostrano di avere un potenziale impatto positivo sulla società.

Un secondo strumento potrebbe essere la creazione di una rete di "Living Lab Etici", sul modello dei living lab già esistenti in ambito tecnologico, ma con un focus specifico sull'etica e sulla responsabilità sociale. Questi laboratori dovrebbero essere spazi di co-creazione e di sperimentazione, in cui cittadini, ricercatori, aziende e istituzioni collaborano per sviluppare e testare soluzioni tecnologiche innovative, valutandone l'impatto sociale ed etico in contesti reali e con il coinvolgimento diretto degli utenti finali. Ad esempio, si potrebbe creare un living lab per sperimentare l'utilizzo di droni per la consegna di farmaci in aree remote, coinvolgendo la popolazione locale nella progettazione del servizio e nella valutazione dei suoi benefici e dei suoi possibili rischi.

Un terzo strumento potrebbe essere l'introduzione di un "Programma di Certificazione Etica" per le aziende tecnologiche, un sistema di certificazione volontario, ma riconosciuto a livello internazionale, che attesti l'aderenza delle aziende a specifici standard etici e di responsabilità sociale nello sviluppo e nell'utilizzo dell'algoritmo del potere. Questo programma potrebbe prevedere audit indipendenti, incentivi fiscali per le aziende certificate e un sistema di riconoscimento internazionale per i prodotti e servizi che rispettano i principi dell'innovazione responsabile. Un esempio concreto in questo senso potrebbe essere il "Passaporto di Responsabilità Tecnologica", un sistema di certificazione che valuta e classifica le tecnologie in base al loro impatto sociale, etico e ambientale, fornendo ai consumatori informazioni chiare e trasparenti sulle caratteristiche dei prodotti che acquistano.

Ma la promozione di un'innovazione responsabile non può limitarsi a strumenti specifici, per quanto utili. È necessario un cambio di paradigma più ampio, che coinvolga tutti gli attori dell'ecosistema convergente e che metta al centro il benessere dell'uomo e la sostenibilità del pianeta. Questo significa, in primo luogo, superare la logica del "move fast and break things", tipica di molte startup tecnologiche, per abbracciare un approccio più cauto e riflessivo, che tenga conto delle possibili conseguenze a lungo termine delle nuove tecnologie. Significa anche promuovere una maggiore collaborazione tra il mondo della ricerca, l'industria, la politica e la società civile, per sviluppare una visione condivisa del futuro digitale e per indirizzare l'innovazione verso obiettivi di progresso sociale e di sostenibilità ambientale.

In questo contesto, un ruolo fondamentale è svolto dalla ricerca interdisciplinare, che unisca le competenze tecniche con quelle umanistiche, per comprendere appieno le implicazioni etiche, sociali e politiche dell'algoritmo del potere. Non si tratta solo di sviluppare nuove tecnologie, ma di capire come queste tecnologie interagiscono con la società, con la cultura, con i valori umani. E di progettare sistemi che siano non solo efficienti, ma anche giusti, inclusivi e rispettosi della dignità umana.

In definitiva, l'ecosistema convergente rappresenta una sfida epocale per l'umanità, una sfida che non può essere affrontata con i vecchi schemi del passato. Richiede una nuova consapevolezza, una nuova responsabilità e una nuova forma di collaborazione tra tutti gli attori in gioco. La posta in palio è alta: si tratta di costruire un futuro in cui la tecnologia sia al servizio dell'uomo, e non viceversa. Un futuro in cui l'algoritmo del potere sia una forza di emancipazione, e non di controllo. E per raggiungere questo obiettivo, dobbiamo agire ora, insieme, con coraggio e lungimiranza.

7. DEMOCRATIZZARE L'ACCESSO ALLE TECNOLOGIE DELL'ALGORITMO DEL POTERE

Se vogliamo evitare che l'algoritmo del potere crei nuove e più profonde disuguaglianze, è fondamentale che tutti i cittadini, e non solo una ristretta élite, abbiano la possibilità di accedere ai benefici delle tecnologie emergenti e di utilizzarle per migliorare la propria vita. Questo significa, in primo luogo, garantire un'infrastruttura digitale universale, che porti la connettività a banda larga in ogni angolo del mondo e che offra a tutti l'accesso a dispositivi adeguati.

La rete ad alta velocità, in particolare, dovrebbe essere considerata un servizio pubblico essenziale, al pari dell'acqua o dell'energia elettrica, e come tale dovrebbe essere accessibile a tutti, indipendentemente dal reddito o dal luogo di residenza. Questo potrebbe richiedere investimenti pubblici significativi, soprattutto nelle aree rurali o meno sviluppate, ma anche la definizione di tariffe sociali agevolate per le fasce di popolazione più vulnerabili. Inoltre, gli standard minimi di qualità della connessione dovrebbero essere definiti e garantiti per legge, per evitare che si crei un divario di opportunità tra chi ha accesso a una connessione ultraveloce e chi si deve accontentare di una connessione lenta o instabile.

Ma l'accesso all'infrastruttura digitale, da solo, non basta. È necessario anche creare le condizioni affinché tutti possano utilizzare in modo efficace e consapevole le tecnologie dell'algoritmo del potere. Per questo, è fondamentale istituire "Centri di Competenza Digitale Territoriali", spazi pubblici diffusi su tutto il territorio nazionale, dove i cittadini possano ricevere formazione e supporto sull'utilizzo delle tecnologie digitali, con un'attenzione particolare alle fasce di popolazione più a rischio di esclusione, come gli anziani, i disoccupati o gli immigrati. Questi centri dovrebbero offrire corsi gratuiti di alfabetizzazione digitale, di data literacy e di coding, ma anche servizi di assistenza personalizzata per l'utilizzo di specifici strumenti o piattaforme. Inoltre, dovrebbero mettere a disposizione dei cittadini attrezzature e software avanzati, come stampanti 3D, visori per la realtà virtuale, kit di robotica educativa e programmi per l'analisi dei dati, per permettere a tutti di sperimentare in prima persona le potenzialità dell'algoritmo del potere.

Un altro strumento utile potrebbe essere un "Programma Nazionale di Prestito Tecnologico", che fornisca a studenti e famiglie a basso reddito dispositivi come computer, tablet e smartphone in comodato d'uso gratuito, con annesso supporto tecnico e programmi di formazione specifici. Questo programma potrebbe essere finanziato attraverso partnership pubblico-private e dovrebbe prevedere meccanismi per il ricondizionamento e il riutilizzo dei dispositivi obsoleti, in un'ottica di sostenibilità ambientale.

Infine, per rendere davvero democratica la tecnologia, si potrebbe ripensare il concetto stesso di "biblioteca pubblica", trasformandola in una "Tech Library", un centro di cultura digitale aperto a tutti. Immaginiamo biblioteche dotate non solo di libri, ma anche di computer di ultima generazione, di connessioni ultraveloci, di stampanti 3D, di visori per la realtà virtuale e aumentata, di droni, di kit per la robotica e di software per l'analisi dei dati. Immaginiamo questi luoghi come spazi di apprendimento, di sperimentazione e di co-creazione, in cui i cittadini di tutte le età possono incontrarsi, imparare, condividere idee e sviluppare progetti, utilizzando le tecnologie dell'algoritmo del potere per migliorare la propria vita e quella della comunità.

8. PROTEGGERE E PROMUOVERE I DIRITTI DIGITALI

L'avvento dell'algoritmo del potere, con la sua capacità di raccogliere, elaborare e utilizzare enormi quantità di dati personali, pone sfide inedite per la tutela dei diritti fondamentali nell'era digitale. Se vogliamo che la tecnologia sia uno strumento di emancipazione e non di controllo, è indispensabile definire e garantire un corpus di "diritti digitali" che siano al passo con i tempi e che proteggano i cittadini dai possibili abusi.

Un primo, fondamentale diritto è quello alla privacy e alla

protezione dei dati personali. Come abbiamo visto, il GDPR europeo rappresenta un passo avanti importante in questa direzione, ma è necessario un impegno costante per la sua applicazione efficace e per il suo adeguamento alle nuove sfide poste dall'ecosistema convergente. Inoltre, si dovrebbe promuovere l'adozione di standard globali per la protezione dei dati, basati sui principi di "privacy by design" e "privacy by default", che garantiscano la tutela della privacy fin dalla progettazione dei sistemi tecnologici e che prevedano, come impostazioni predefinite, quelle più rispettose dei dati personali degli utenti.

Un secondo diritto cruciale è quello all'autonomia decisionale. In un mondo in cui le nostre scelte sono sempre più influenzate, se non addirittura determinate, da algoritmi di raccomandazione, di profilazione e di previsione, è fondamentale garantire che gli individui mantengano il controllo sulle proprie decisioni e non vengano manipolati in modo occulto o coercitivo. Questo significa, ad esempio, riconoscere il diritto a non essere sottoposti a decisioni basate unicamente su trattamenti automatizzati, come nel caso di concessione di un credito o di un'assunzione, e a ottenere una spiegazione comprensibile delle logiche sottostanti a tali decisioni.

Un terzo diritto, sempre più discusso, è quello alla disconnessione. In un'epoca di iperconnessione e di reperibilità costante, è importante tutelare il diritto dei lavoratori, ma anche di tutti i cittadini, a non essere sempre "online", a poter staccare la spina dalle tecnologie digitali senza subire penalizzazioni o discriminazioni. Questo diritto potrebbe tradursi, ad esempio, in norme che limitano l'invio di email e messaggi di lavoro al di fuori dell'orario lavorativo, o in incentivi per le aziende che promuovono una cultura del lavoro più equilibrata e rispettosa dei tempi di vita dei dipendenti.

Per garantire l'effettività di questi diritti, è utile prevedere l'istituzione di un "Difensore Civico Digitale", un'autorità indipendente, dotata di poteri di indagine e di sanzione, a cui i cittadini possano rivolgersi in caso di violazione dei propri diritti digitali. Questa figura, che potrebbe operare a livello nazionale o sovranazionale, dovrebbe avere le competenze e le risorse per monitorare l'operato delle aziende tecnologiche e delle pubbliche amministrazioni, per svolgere indagini in caso di sospette violazioni e per imporre sanzioni effettive in caso di comportamenti illeciti. Inoltre, dovrebbe svolgere un ruolo di educazione e di sensibilizzazione sui temi dei diritti digitali, aiutando i cittadini a comprendere meglio le implicazioni dell'algoritmo del potere e a difendersi da possibili abusi.

Infine, per semplificare l'accesso alla giustizia in caso di controversie legate all'uso delle tecnologie digitali, si potrebbe prevedere la creazione di "Tribunali Digitali Specializzati", composti da giudici con competenze specifiche in materia di diritto dell'informatica, privacy e nuove tecnologie. Questi tribunali potrebbero operare con procedure semplificate e rapide, anche in modalità telematica, per garantire una risoluzione efficace ed efficiente delle controversie, riducendo i tempi e i costi per i cittadini e per le imprese.

9. VALUTAZIONE D'IMPATTO E ADATTABILITÀ

In un contesto in continua evoluzione, la capacità di valutare l'impatto delle tecnologie emergenti e di adattare le politiche in tempo reale rappresenta una sfida cruciale per i governi. Le tradizionali strategie normative, spesso rigide e lente, rischiano di risultare obsolete di fronte all'accelerazione con cui l'intelligenza artificiale, la robotica e le tecnologie digitali si insinuano nelle dinamiche economiche e sociali. È necessario un sistema di monitoraggio e revisione costante, che consenta ai decisori politici di intervenire tempestivamente sulle problematiche emergenti, anticipando gli effetti indesiderati e massimizzando le opportunità offerte dal progresso tecnologico.

Un elemento fondamentale in questo processo è l'istituzione di un osservatorio permanente sugli impatti tecnologici, un ente indipendente che analizzi sistematicamente le trasformazioni in atto e fornisca dati concreti sui loro effetti sociali, economici e ambientali. Attraverso strumenti avanzati di analisi predittiva e foresight strategico, sarà possibile anticipare scenari di rischio e proporre soluzioni pragmatiche basate su evidenze empiriche. Affiancare a questo osservatorio un framework normativo agile e adattivo permetterà di rispondere prontamente alle nuove sfide, attraverso una revisione periodica delle leggi e la sperimentazione di soluzioni regolamentari innovative in ambienti controllati, come le cosiddette "regulatory sandboxes". Questi ambienti consentiranno di testare nuove politiche con il coinvolgimento di aziende, cittadini ed esperti, raccogliendo feedback utili per migliorarne l'efficacia prima della loro applicazione su larga scala.

Per garantire che le politiche tecnologiche riflettano le esigenze reali della società, sarà cruciale coinvolgere attivamente i cittadini nel processo decisionale. L'adozione di strumenti partecipativi, come i policy labs, consentirà di integrare le diverse prospettive e di costruire una regolamentazione che sia non solo efficace, ma anche equa e inclusiva. Un approccio dinamico e adattabile consentirà ai governi di navigare le acque turbolente dell'innovazione con maggiore sicurezza, riducendo l'incertezza e garantendo una transizione tecnologica sostenibile.

10. COOPERAZIONE INTERNAZIONALE E DIPLOMAZIA DIGITALE

L'algoritmo del potere, con la sua diffusione globale e le sue implicazioni transnazionali, impone la necessità di una cooperazione internazionale rafforzata. Nessun paese, per quanto avanzato, può affrontare da solo le sfide poste da

tecnologie come l'intelligenza artificiale, la robotica, le biotecnologie avanzate, i big data e la blockchain o il quantum
computing. Governare queste innovazioni richiede un coordinamento multilaterale, capace di armonizzare regolamenti,
condividere best practices e affrontare congiuntamente
minacce come le cyber intrusioni, la disinformazione e la
proliferazione di armi autonome.

La creazione di un forum globale per la governance tecnologica potrebbe rappresentare un passo fondamentale in
questa direzione. Un organismo sovranazionale, ispirato a
modelli esistenti come l'ITU (International Telecommunica-
tion Union), potrebbe favorire il dialogo tra governi, aziende
e organizzazioni della società civile, definendo standard
comuni per la protezione dei dati, la sicurezza informatica e
l'uso etico dell'intelligenza artificiale. La definizione di protocolli condivisi e di strumenti di enforcement vincolanti
potrebbe contribuire a evitare la frammentazione normativa e
a garantire un'implementazione più uniforme delle regole in
tutto il mondo.

Un altro aspetto cruciale della cooperazione internazionale
riguarda la gestione delle minacce tecnologiche globali. La
creazione di un sistema di risposta rapida alle crisi digitali,
con centri di monitoraggio interconnessi a livello globale,
permetterebbe di coordinare gli interventi in caso di attacchi
informatici su infrastrutture critiche, guasti sistemici o usi
malevoli di tecnologie avanzate. Questa rete internazionale di
collaborazione potrebbe fungere da scudo protettivo per tutti
i paesi, rafforzando la resilienza collettiva e prevenendo crisi
su vasta scala.

Al contempo, è essenziale che la cooperazione tecnologica
non esacerbi le disuguaglianze globali. Per questo motivo, i
paesi più avanzati dovrebbero sostenere programmi di assistenza tecnologica per le nazioni in via di sviluppo, fornendo
formazione, infrastrutture e risorse per garantire un accesso
equo alle opportunità offerte dall'innovazione. Un modello

ispirato al concetto di "Digital Peace Corps", in cui esperti di tecnologia vengono inviati nei paesi emergenti per supportare lo sviluppo digitale, potrebbe favorire un'integrazione più equa e inclusiva nel panorama tecnologico globale.

11. PREPARAZIONE AGLI SCENARI FUTURI

La rapidità con cui le tecnologie convergenti si sviluppano rende imprescindibile la capacità di anticipare e pianificare il futuro con approcci strategici e flessibili. I governi devono abbandonare la logica reattiva e dotarsi di strumenti che consentano di analizzare scenari complessi e di prepararsi a una vasta gamma di possibilità, inclusi eventi altamente improbabili ma potenzialmente dirompenti, come l'emergere di un'intelligenza artificiale generale o il collasso di infrastrutture digitali critiche.

Per affrontare questa sfida, è necessario istituire un centro nazionale di scenario planning, che si avvalga delle competenze di esperti in tecnologia, economia, sociologia ed etica per elaborare modelli previsionali e sviluppare strategie di risposta. Attraverso l'utilizzo di tecniche di simulazione avanzate e di analisi dei trend globali, questo centro potrebbe fornire un supporto fondamentale ai decisori politici, offrendo una visione prospettica sulle opportunità e sui rischi associati alle tecnologie emergenti.

Parallelamente, occorre predisporre un fondo per la resilienza tecnologica, destinato a mitigare gli impatti sociali ed economici della trasformazione digitale. Tale fondo potrebbe finanziare programmi di riqualificazione professionale per i lavoratori più esposti all'automazione, sostenere le piccole imprese nel processo di digitalizzazione e fornire un sostegno economico alle comunità più vulnerabili, assicurando una transizione inclusiva e sostenibile.

Preparare la società al cambiamento significa anche promuovere una cultura dell'adattabilità e della resilienza.

Attraverso campagne di sensibilizzazione, simulazioni di scenari futuri e programmi educativi mirati, i cittadini possono essere resi più consapevoli e pronti a gestire le trasformazioni in atto. Ad esempio, la creazione di "Future Readiness Labs", spazi dedicati alla sperimentazione di nuove tecnologie in contesti reali, potrebbe favorire un apprendimento partecipativo e stimolare l'innovazione responsabile.

Anticipare il futuro significa costruire una società che non si limiti a subire il cambiamento, ma che sia in grado di plasmarlo attivamente, con strumenti di governance adeguati, una visione lungimirante e una strategia condivisa.

OLTRE LA REGOLAMENTAZIONE, VERSO UNA NUOVA VISIONE DI PROGRESSO

Governare l'algoritmo del potere non significa semplicemente disciplinare la tecnologia con nuove leggi e regolamenti. Significa ripensare il rapporto tra uomo e macchina, tra progresso e sostenibilità, tra libertà individuale e responsabilità collettiva. Il mondo sta attraversando una trasformazione profonda, in cui i confini tra il digitale e il fisico si dissolvono, e le tradizionali strutture di governance vengono messe alla prova da sistemi sempre più complessi e interconnessi. In questo scenario, i policy maker non possono limitarsi a essere semplici regolatori di un cambiamento in atto: devono diventare architetti di un futuro in cui tecnologia ed etica avanzano di pari passo.

È necessario un nuovo approccio che superi la logica della reazione e abbracci una visione proattiva e adattiva, capace di anticipare le sfide senza ostacolare l'innovazione. Non si tratta solo di proteggere i diritti dei cittadini o di mitigare i rischi, ma di cogliere le opportunità per ridefinire i modelli economici e sociali in una direzione più equa e sostenibile. La governance del futuro non potrà più essere statica e centralizzata; dovrà invece essere distribuita, partecipativa e fondata su un dialogo costante tra governi, imprese e società civile.

Il vero successo della governance dell'algoritmo del potere non si misurerà solo dalla capacità di prevenire abusi o di garantire la sicurezza digitale, ma dalla possibilità di ispirare un nuovo paradigma di convivenza tra uomo e tecnologia. Serve un approccio che valorizzi la creatività e l'autonomia degli individui, incoraggiando un uso consapevole e responsabile della tecnologia, capace di amplificare il potenziale umano anziché limitarlo.

Infine, la sfida più grande sarà quella di costruire fiducia. Fiducia tra cittadini e istituzioni, tra imprese e consumatori, tra nazioni con interessi divergenti. Solo attraverso la trasparenza, l'inclusione e la co-creazione di regole condivise, potremo evitare che l'algoritmo del potere diventi uno strumento di divisione e disuguaglianza, trasformandolo invece in un catalizzatore di progresso collettivo.

Il futuro non è ancora scritto, e i policy maker hanno oggi l'opportunità – e la responsabilità – di influenzarlo in modo decisivo. Essere all'altezza di questa sfida significa accettare l'incertezza e l'imprevedibilità, ma anche abbracciare la possibilità di costruire un mondo in cui l'algoritmo del potere sia un alleato dell'umanità, e non il suo padrone.

CAPITOLO 15
LISTA RIASSUNTIVA PER I POLICY MAKER

Questa checklist fornisce un riepilogo pratico e operativo delle azioni chiave per affrontare le sfide poste dalle tecnologie emergenti e indirizzarle verso il bene comune.

1. Creazione di un Quadro Normativo Agile e Adattivo

- Definire principi etici e standard globali condivisi per l'uso delle tecnologie emergenti.
- Istituire meccanismi di aggiornamento continuo delle normative per adattarsi all'evoluzione tecnologica.
- Sviluppare regolamenti specifici per l'uso dell'IA in settori critici come sanità, finanza e sicurezza.
- Promuovere la trasparenza algoritmica e il diritto alla spiegazione per le decisioni automatizzate.
- Creare sandbox normative per testare regolamenti prima dell'implementazione su larga scala.

2. Educazione e Consapevolezza Digitale

- Integrare la data literacy nei programmi scolastici a tutti i livelli educativi.
- Finanziare programmi di formazione continua per lavoratori e cittadini sulle competenze digitali.
- Promuovere campagne di sensibilizzazione sui diritti digitali e sulla sicurezza online.
- Istituire centri di competenza digitale territoriali per favorire l'inclusione digitale.
- Collaborare con aziende tecnologiche per garantire l'aggiornamento costante delle competenze digitali.

3. Sviluppo di Infrastrutture Digitali Resilienti

- Rafforzare la sicurezza delle infrastrutture critiche contro cyber minacce e vulnerabilità tecnologiche.
- Assicurare un accesso equo alle tecnologie digitali, colmando il divario digitale urbano e rurale.
- Implementare sistemi di backup e ridondanza per proteggere i servizi essenziali.
- Promuovere l'interoperabilità tra sistemi pubblici e privati per favorire una governance efficiente.
- Incentivare lo sviluppo di infrastrutture digitali sostenibili ed ecocompatibili.

4. Responsabilità e Trasparenza nell'Innovazione Tecnologica

- Introdurre un sistema di certificazione etica per le aziende che sviluppano tecnologie emergenti.

- Creare fondi di incentivazione per progetti di innovazione etica e sostenibile.
- Richiedere alle aziende di pubblicare report di impatto sociale ed etico delle loro tecnologie.
- Definire standard chiari per la raccolta, conservazione e utilizzo dei dati personali.
- Garantire meccanismi di controllo indipendenti per monitorare l'utilizzo delle nuove tecnologie.

5. Governance Collaborativa e Multilivello

- Istituire un Consiglio Nazionale per la Governance Tecnologica con stakeholder pubblici e privati.
- Favorire la cooperazione tra governi, aziende e società civile nella regolamentazione dell'IA.
- Partecipare attivamente a forum internazionali per lo sviluppo di policy comuni sull'IA.
- Creare piattaforme di consultazione pubblica per coinvolgere i cittadini nelle decisioni tecnologiche.
- Promuovere la collaborazione tra città smart per condividere buone pratiche e soluzioni innovative.

6. Protezione dei Diritti Digitali dei Cittadini

- Implementare una Carta dei Diritti Digitali per garantire la tutela della privacy e dei dati personali.
- Regolamentare l'uso di tecnologie invasive come il riconoscimento facciale in spazi pubblici.
- Offrire strumenti di protezione e autonomia digitale ai cittadini per gestire le proprie informazioni.

- Promuovere il diritto alla disconnessione per bilanciare vita privata e lavoro digitale.
- Rafforzare la protezione legale contro discriminazioni algoritmiche e abusi di potere tecnologico.

7. Cooperazione Internazionale e Diplomazia Digitale

- Promuovere accordi multilaterali per regolamentare l'uso delle tecnologie emergenti a livello globale.
- Partecipare alla creazione di un'agenzia internazionale per la governance dell'IA.
- Definire linee guida condivise per la cybersecurity e la prevenzione di attacchi digitali.
- Collaborare con le organizzazioni internazionali per la protezione dei diritti digitali universali.
- Supportare paesi in via di sviluppo nell'adozione sicura e responsabile delle tecnologie digitali.

8. Adattabilità e Resilienza alle Innovazioni Tecnologiche

- Istituire un Osservatorio Permanente sulle Tecnologie Emergenti per monitorare i cambiamenti futuri.
- Sviluppare piani di risposta rapida per affrontare crisi legate all'uso improprio dell'IA e delle biotecnologie.
- Creare fondi di sostegno per lavoratori e settori più colpiti dall'automazione tecnologica.

- Incentivare la ricerca su soluzioni resilienti e adattive per le imprese e le istituzioni.
- Coinvolgere cittadini e aziende nella progettazione di scenari futuri per prepararsi alle sfide tecnologiche.

9. Incentivi per l'Innovazione Etica e Sostenibile

- Sostenere la ricerca su tecnologie a impatto sociale positivo e ambientalmente sostenibili.
- Premiare con agevolazioni fiscali le aziende che aderiscono a standard di responsabilità tecnologica.
- Introdurre sistemi di rating etico per valutare l'impatto delle nuove tecnologie.
- Promuovere l'open source come strumento per garantire trasparenza e accessibilità.
- Creare hub di innovazione sostenibile in collaborazione con università e centri di ricerca.

10. Pianificazione Strategica per il Futuro

- Elaborare scenari di lungo termine per anticipare gli sviluppi delle tecnologie emergenti.
- Creare piani di transizione per settori a rischio di automazione massiva.
- Finanziare progetti di studio sugli impatti sociali della singolarità tecnologica.
- Promuovere tavoli di lavoro interdisciplinari per affrontare le sfide del progresso tecnologico.
- Preparare strategie per mitigare gli effetti negativi della digitalizzazione sulla coesione sociale.

. . .

Questa checklist rappresenta una guida pratica per aiutare i policy maker a navigare il complesso panorama delle tecnologie emergenti con visione strategica e responsabilità. Solo attraverso un approccio collaborativo, trasparente e orientato al futuro sarà possibile trasformare l'algoritmo del potere in un alleato per il progresso umano, piuttosto che in una minaccia da arginare.

CAPITOLO 16
ORIZZONTE 2050

Nella famosa saga de "Il Signore degli Anelli" che ho citato in apertura del libro, una compagnia di eroi affronta un viaggio epico per distruggere un anello magico di immenso potere, prima che cada nelle mani sbagliate. Questo anello, che dona a chi lo possiede un controllo straordinario, ma a un prezzo terribile, rappresenta una tentazione costante, una minaccia oscura che incombe sul destino del mondo. Se fosse caduto nelle mani del nemico, avrebbe significato la vittoria del male, la fine della libertà e l'inizio di un'era di terrore e di oppressione. Solo grazie al coraggio e alla determinazione di un piccolo gruppo di eroi, disposti a tutto pur di distruggere l'anello, il lieto fine è stato possibile.

Oggi, anche noi ci troviamo di fronte a un potere straordinario, che come l'anello della saga, può essere usato per il bene o per il male: l'algoritmo del potere. Questa combinazione di intelligenza artificiale, robotica, big data, blockchain, biotecnologie e altre tecnologie emergenti ci offre possibilità mai viste prima, ma porta anche con sé rischi e sfide altrettanto grandi. Come nella storia di Tolkien, il nostro futuro dipenderà in larga misura da come useremo questo potere, e da chi ne controllerà l'utilizzo.

Siamo giunti, potremmo dire, all'ultima frontiera: non una frontiera geografica, da esplorare o conquistare, ma una frontiera temporale e tecnologica, che ci separa da un futuro radicalmente diverso da tutto ciò che abbiamo conosciuto finora. Un futuro in cui la tecnologia non sarà più un semplice strumento esterno, ma una forza che si intreccia con la nostra stessa essenza, che ridefinisce i confini tra naturale e artificiale, tra umano e macchina.

Questo capitolo si propone di guardare oltre il presente, di proiettare il nostro sguardo verso l'orizzonte del 2050, non per fare previsioni, ma per esercitare la nostra capacità di immaginare e di progettare il futuro. Useremo il 2050 come data simbolica, come punto di riferimento per riflettere sulle tendenze in atto e sulle loro possibili evoluzioni. E, soprattutto, ci chiederemo: quale futuro vogliamo costruire? Quali sono gli scenari desiderabili, le "utopie realistiche" che possono scaturire da un uso etico e responsabile dell'algoritmo del potere?

La nostra non sarà una speculazione fine a se stessa, ma un invito all'azione. Perché, come nella saga de "Il Signore degli Anelli", il futuro non è già scritto, ma dipende dalle scelte che faremo oggi. Abbiamo il dovere di immaginare futuri migliori, in cui l'algoritmo del potere sia al servizio del bene comune, e abbiamo la responsabilità di lavorare insieme per realizzarli. Come gli eroi della Terra di Mezzo, anche noi dobbiamo compiere il nostro viaggio, non con la spada o con la magia, ma con la conoscenza, con la data literacy, con la capacità di comprendere e governare l'algoritmo del potere per costruire un futuro più giusto e sostenibile per tutti.

È giunto il momento di dipingere alcuni scenari utopici, di immaginare concretamente come potrebbe essere il mondo se riuscissimo a indirizzare le tecnologie convergenti verso il bene comune. Questi scenari non sono previsioni, ma visioni di futuri possibili e desiderabili, che possono ispirare le nostre azioni nel presente e stimolare un dibattito informato sulle scelte che ci attendono.

SCENARIO 1: SALUTE E BENESSERE PER TUTTI

Immaginiamo un mondo, nel 2050, in cui le malattie che oggi ci affliggono, come il cancro, l'Alzheimer e le malattie cardio-vascolari, siano state in gran parte debellate o rese facilmente curabili. Grazie a una medicina personalizzata, basata sull'a-nalisi del genoma individuale e sull'incrocio di enormi quan-tità di dati sanitari, i medici sono in grado di individuare i rischi di ciascun paziente fin dalla nascita e di intervenire preventivamente con terapie mirate. L'intelligenza artificiale, addestrata su dataset globali e costantemente aggiornata, supporta i medici nella diagnosi precoce e nella scelta dei trat-tamenti più efficaci, riducendo al minimo gli errori e persona-lizzando le cure in base alle caratteristiche di ogni individuo. Ma non solo: grazie alle biotecnologie, milioni di persone hanno finalmente sconfitto malattie croniche e invalidanti che un tempo sembravano incurabili. L'artrosi, che limitava i movimenti e causava dolori a milioni di anziani, è ora facil-mente curabile grazie a terapie rigenerative che ripristinano la funzionalità delle articolazioni. Il diabete, che obbligava i pazienti a continue iniezioni di insulina e a una dieta rigo-rosa, è tenuto sotto controllo da pancreas artificiali intelli-genti, in grado di monitorare costantemente i livelli di glucosio nel sangue e di rilasciare l'esatta dose di ormoni necessaria. E la dialisi, un trattamento invasivo e debilitante per chi soffre di insufficienza renale, è stata sostituita da reni bioartificiali, creati in laboratorio a partire dalle cellule stami-nali del paziente stesso e in grado di ripristinare pienamente la funzione renale. Le biotecnologie, e in particolare l'editing genetico, hanno permesso di correggere mutazioni genetiche responsabili di molte malattie ereditarie, mentre la medicina rigenerativa ha reso possibile la creazione di organi e tessuti artificiali, eliminando le liste d'attesa per i trapianti e migliorando la qualità della vita di milioni di persone. La robotica assiste gli anziani e i disabili, garantendo loro autonomia e supporto nelle attività quotidiane, mentre interfacce neurali avanzate permettono di ripristinare funzioni sensoriali e motorie compromesse da malattie o incidenti. Grazie a una rete di sensori indossabili e ambientali, la salute di ogni individuo viene monitorata costantemente, e i dati, resi anonimi e condivisi in modo sicuro tramite blockchain, alimentano la ricerca medica e contribuiscono a migliorare la prevenzione su scala globale. In questo scenario, l'algoritmo del potere ha permesso di allungare notevolmente l'aspettativa di vita in salute, riducendo le disuguaglianze nell'accesso alle cure e migliorando il benessere di miliardi di persone.

SCENARIO 2: UN'EDUCAZIONE PERSONALIZZATA E ACCESSIBILE A TUTTI

Nel 2050, l'educazione è stata radicalmente trasformata dall'algoritmo del potere. Ogni studente, in ogni parte del mondo, ha accesso a un tutor virtuale basato su intelligenza artificiale, che adatta il percorso di apprendimento alle sue esigenze specifiche, ai suoi ritmi e ai suoi stili cognitivi. Le piattaforme di e-learning, arricchite da esperienze immersive in realtà virtuale e aumentata, offrono una gamma infinita di corsi e di esperienze formative, accessibili a tutti, indipendentemente dal reddito o dal luogo di residenza. La data literacy è diventata una competenza di base, insegnata fin dalle scuole primarie insieme alla lettura, alla scrittura e al calcolo. Grazie a queste competenze, i cittadini sono in grado di navigare in modo critico e consapevole nel mare di informazioni dell'era digitale, di utilizzare i dati per prendere decisioni informate e di partecipare attivamente alla vita democratica. La ricerca scientifica, potenziata dal quantum computing e da algoritmi di IA in grado di analizzare moli immense di dati, progredisce a un ritmo senza precedenti, portando a scoperte e innovazioni in ogni campo del sapere. L'istruzione non è più un percorso standardizzato e limitato nel tempo, ma un processo di apprendimento continuo, che si estende lungo tutto l'arco della vita e che permette a ciascuno di sviluppare appieno il proprio potenziale.

SCENARIO 3: UN PIANETA SOSTENIBILE, UN'ECONOMIA CIRCOLARE

Nel 2050, l'algoritmo del potere è diventato un alleato prezioso nella lotta contro il cambiamento climatico e nella transizione verso un'economia più sostenibile. Grazie a una rete capillare di sensori, che monitorano in tempo reale le emissioni inquinanti, la qualità dell'aria e dell'acqua, lo stato delle foreste e degli oceani, e grazie ad algoritmi di IA che analizzano questi dati e prevedono gli scenari futuri, siamo in grado di intervenire in modo tempestivo ed efficace per mitigare l'impatto ambientale delle attività umane. Le città sono diventate più verdi e vivibili, con sistemi di trasporto pubblico efficienti e a emissioni zero, gestiti da intelligenze artificiali che ottimizzano i flussi di traffico e riducono la congestione. La fusione nucleare, finalmente resa efficiente e sicura, fornisce energia pulita e abbondante, riducendo totalmente l'inquinamento, insieme alle fonti rinnovabili, gestite da reti intelligenti che bilanciano in modo ottimale la produzione e il consumo. L'agricoltura di precisione, basata su droni, sensori e analisi di big data, ha permesso di ridurre drasticamente l'uso di pesticidi e fertilizzanti, aumentando al contempo la resa dei raccolti e la qualità degli alimenti. E grazie alla ricerca sui nuovi materiali, accelerata dal quantum computing e dalle biotecnologie, abbiamo sviluppato processi produttivi a basso impatto ambientale e prodotti biodegradabili o facilmente riciclabili, in un'ottica di economia circolare.

SCENARIO 4: UNA DEMOCRAZIA DIGITALE, TRASPARENTE E PARTECIPATIVA

Nel 2050, l'algoritmo del potere ha anche trasformato il modo in cui ci governiamo. La democrazia rappresentativa, con i suoi limiti e le sue inefficienze, è stata affiancata e in parte sostituita da forme di democrazia diretta e partecipativa, rese possibili dalle tecnologie digitali. Grazie a piattaforme online sicure e trasparenti, basate su blockchain e intelligenza artificiale, i cittadini possono proporre leggi, discutere di temi di interesse pubblico, votare su questioni specifiche e monitorare in tempo reale l'operato dei loro rappresentanti. Gli algoritmi di IA, opportunamente progettati e controllati, aiutano a individuare le esigenze e le preferenze dei cittadini, a elaborare proposte di policy basate su dati concreti e a prevenire la disinformazione e la manipolazione online. Il voto elettronico, reso sicuro e affidabile dalla blockchain, ha drasticamente aumentato la partecipazione elettorale, coinvolgendo anche fasce di popolazione che prima erano escluse o disinteressate alla politica. I governi, dal canto loro, sono diventati più trasparenti e responsabili, grazie all'utilizzo di algoritmi "spiegabili" e all'apertura dei dati pubblici (open data), che permettono ai cittadini di verificare l'operato delle amministrazioni e di contribuire al processo decisionale.

Questi scenari, pur nella loro diversità, hanno un elemento in comune: in tutti, l'algoritmo del potere è utilizzato in modo consapevole, responsabile ed etico, per migliorare la vita delle persone e per costruire una società più giusta, più inclusiva e più sostenibile. Sono, in altre parole, delle "utopie realizzabili", degli orizzonti di speranza verso cui possiamo e dobbiamo tendere, se vogliamo che il futuro sia all'altezza delle nostre aspettative.

LE CONDIZIONI PER UN FUTURO DESIDERABILE

Questi scenari utopici, tuttavia, non si realizzeranno da soli. Non basta affidarsi ciecamente al progresso tecnologico, o sperare che l'algoritmo del potere si autoregoli in modo benevolo. Al contrario, per trasformare queste visioni in realtà, è necessario un impegno attivo, una presa di responsabilità collettiva e, soprattutto, una chiara visione dei principi che devono guidare lo sviluppo e l'utilizzo delle tecnologie convergenti da qui al 2050.

Non si tratta di principi astratti, ma di linee guida concrete per l'azione, che devono informare le scelte dei policy maker, degli imprenditori, dei ricercatori e di ogni singolo cittadino. Vediamone alcuni, cruciali per costruire un futuro desiderabile:

1 Progettare per la Resilienza, non solo per l'Efficienza: Se l'algoritmo del potere ci ha insegnato qualcosa, è che la ricerca spasmodica dell'efficienza a tutti i costi può generare fragilità inattese. Sistemi troppo ottimizzati per uno scenario specifico possono rivelarsi disastrosamente inadeguati di fronte a eventi imprevisti, come una pandemia, un attacco informatico su larga scala o una crisi finanziaria globale. Guardando al 2050, dobbiamo progettare sistemi tecnologici, economici e sociali che siano non solo efficienti, ma anche resilienti, capaci di assorbire shock, di adattarsi ai cambiamenti e di apprendere dagli errori. Questo significa, ad esempio, privilegiare la diversificazione e la ridondanza rispetto alla specializzazione estrema, costruire infrastrutture decentralizzate meno vulnerabili a singoli punti di fallimento, e promuovere una cultura dell'adattabilità e dell'apprendimento continuo.

2 Oltre l'Antropocentrismo: Riconoscere il Valore Intrinseco della Natura e delle Macchine. Finora, abbiamo concepito l'algoritmo del potere come uno strumento al servizio esclusivo dell'uomo. Ma cosa succederebbe se, avvicinandoci

al 2050, iniziassimo a riconoscere un valore intrinseco non solo agli esseri umani, ma anche agli ecosistemi naturali e alle stesse macchine intelligenti? Questo non significa equiparare i diritti delle macchine a quelli umani, ma sviluppare un'etica più ampia, che tenga conto del benessere del pianeta nel suo complesso e delle possibili forme di intelligenza, anche artificiale, che potrebbero emergere in futuro. Immaginiamo, ad esempio, algoritmi progettati per ottimizzare non solo il profitto o la produttività, ma anche la salute degli ecosistemi, o sistemi di IA che collaborano con gli umani per monitorare e mitigare l'impatto ambientale delle attività umane. Un'organizzazione come l'EEA (European Environment Agency) sta già utilizzando l'IA per monitorare l'ambiente, dimostrando il potenziale di questa direzione.

3 Equità Algoritmica come Priorità Globale: Se l'algoritmo del potere, come abbiamo visto, rischia di aggravare le disuguaglianze esistenti, dobbiamo fare dell'equità algoritmica un obiettivo prioritario a livello globale. Questo significa non solo garantire un accesso ampio e democratico alle tecnologie e ai loro benefici, ma anche sviluppare algoritmi che siano intrinsecamente giusti, trasparenti e non discriminatori. Significa creare meccanismi di auditing algoritmico indipendenti e accessibili al pubblico, e promuovere la diversità e l'inclusione nei team che progettano e sviluppano queste tecnologie. L'obiettivo deve essere quello di costruire un algoritmo del potere che non solo rispecchi le diversità del mondo, ma che le valorizzi e le protegga.

4 Sovranità Tecnologica e Collaborazione Internazionale: Se il declino dello stato-nazione è una tendenza in atto, questo non significa che gli stati non abbiano più alcun ruolo da giocare. Al contrario, mai come ora è necessaria una forte cooperazione internazionale per governare l'algoritmo del potere e per evitare una sua frammentazione in sfere di influenza geopolitiche contrapposte. I governi devono collaborare per definire standard tecnologici condivisi, per

promuovere la ricerca e l'innovazione in settori chiave come l'IA etica e il quantum computing sicuro, e per creare meccanismi di risoluzione delle controversie transnazionali legate all'uso delle tecnologie convergenti. Allo stesso tempo, ogni paese deve poter mantenere un certo grado di "sovranità tecnologica", ovvero la capacità di sviluppare e controllare le tecnologie critiche per la propria sicurezza, la propria economia e il proprio modello sociale. Trovare il giusto equilibrio tra cooperazione e autonomia sarà una delle sfide principali per la politica internazionale dei prossimi decenni.

Questi principi rappresentano solo un punto di partenza, una base su cui costruire un dibattito più ampio e approfondito sul futuro dell'algoritmo del potere. La loro traduzione in pratiche concrete richiederà un impegno costante e una collaborazione inedita tra tutti gli attori in gioco. Ma se sapremo orientare l'innovazione tecnologica in questa direzione, se sapremo fare in modo che l'algoritmo del potere sia guidato da valori di equità, di trasparenza, di sostenibilità e di rispetto per la dignità umana, allora potremo davvero sperare di costruire un 2050 in cui la tecnologia sia una forza di liberazione e di progresso per l'intera umanità.

L'INNOVAZIONE È PIÙ IMPORTANTE DELLA POLITICA

Se i principi etici devono guidare lo sviluppo e l'utilizzo dell'algoritmo del potere, spetta alla politica, e in particolare ai policy maker, il compito di tradurre questi principi in azioni concrete, di creare un contesto normativo e istituzionale che favorisca un'innovazione responsabile e inclusiva. Questo richiede una visione strategica di lungo periodo, che vada oltre gli interessi immediati e le contingenze elettorali, e che sappia anticipare le sfide e le opportunità del cambiamento tecnologico.

In questo contesto, è utile riprendere le parole di Piero

Angela, uno dei più grandi divulgatori scientifici italiani, che in un suo intervento al TEDxCNR del 2016, intitolato "Perché l'innovazione è più importante della politica", affermava: "La politica non crea ricchezza e non l'ha mai creata nel corso della storia. [...] Per gran parte della storia umana, la maggior parte delle persone è rimasta povera, affamata e analfabeta nonostante i vari sistemi politici. [...] Le cose sono cambiate radicalmente solo quando le macchine e la tecnologia sono entrate nella produzione di cibo e beni." Angela sottolineava come l'istruzione, resa possibile dalla tecnologia (ad esempio, la produzione di libri), abbia portato alla diffusione della conoscenza in tutti gli strati della società, e come scienza, tecnologia, educazione e valori siano alla base dello sviluppo di un paese moderno. Concludeva, poi, con un monito: "C'è una mancanza di cultura scientifica diffusa, necessaria per comprendere e gestire i sistemi complessi della società moderna."

Queste parole, pronunciate da un uomo che ha dedicato la sua vita a diffondere la cultura scientifica, ci ricordano una verità fondamentale: il progresso umano non è trainato dalla politica in sé, ma dalla capacità di innovare, di scoprire e di applicare nuove conoscenze per migliorare le condizioni di vita. La politica, semmai, ha il compito di creare le condizioni affinché l'innovazione possa fiorire e i suoi frutti possano essere equamente distribuiti.

Eppure, proprio qui emerge una delle sfide più ardue per i policy maker contemporanei: come creare queste condizioni favorevoli in un'epoca in cui l'innovazione tecnologica, guidata dall'algoritmo del potere, procede a una velocità senza precedenti, sfuggendo spesso alla capacità di comprensione e di regolamentazione delle istituzioni tradizionali? Come evitare che il progresso tecnologico, invece di essere un motore di benessere per tutti, si trasformi in un fattore di disuguaglianza, di instabilità e di conflitto?

La risposta a queste domande non può limitarsi a un

approccio puramente regolatorio, ma deve puntare a creare una vera e propria cultura dell'innovazione responsabile, che coinvolga tutti gli attori dell'ecosistema tecnologico e che si basi su alcuni pilastri fondamentali.

È necessario superare la dicotomia tra "regolamentazione" e "innovazione", riconoscendo che esse non sono due forze contrapposte, ma due facce della stessa medaglia. Non si tratta di frenare l'innovazione per paura dei suoi effetti, ma di indirizzarla, di governarla, di far sì che essa si sviluppi in armonia con i valori e i principi fondamentali della nostra società. Questo richiede un dialogo costante e costruttivo tra policy maker, ricercatori, imprenditori e società civile, per individuare i rischi e le opportunità delle nuove tecnologie e per definire, in modo condiviso, le regole del gioco.

Un pilastro di una cultura dell'innovazione responsabile è l'investimento in ricerca e sviluppo orientati al bene comune. I governi, accanto al sostegno all'innovazione di mercato, devono promuovere attivamente la ricerca in ambiti strategici per il benessere collettivo, come la lotta al cambiamento climatico, la medicina personalizzata, l'inclusione digitale e la sicurezza informatica. Questo significa, ad esempio, finanziare la ricerca sull'intelligenza artificiale "etica", sulle biotecnologie sostenibili e sul quantum computing sicuro, assicurandosi che queste tecnologie siano sviluppate fin dall'inizio in modo da massimizzarne i benefici sociali e minimizzarne i rischi.

In questo contesto, i policy maker hanno un ruolo cruciale da svolgere. Devono essere i primi a dare l'esempio, adottando pratiche trasparenti e responsabili nell'utilizzo dei dati e degli algoritmi all'interno della pubblica amministrazione. Devono promuovere la diffusione di standard etici e di certificazioni di qualità per le aziende tecnologiche, premiando chi si impegna per un'innovazione sostenibile e inclusiva. E devono, soprattutto, saper ascoltare la società civile, coinvolgendo attivamente i cittadini, le associazioni, gli esperti e tutti gli stakeholder nella definizione delle politiche tecno-logiche.

Solo attraverso un approccio olistico e partecipativo, che metta al centro l'etica e la responsabilità, sarà possibile gover-nare l'ingovernabile e trasformare l'algoritmo del potere in un'opportunità straordinaria per il progresso umano. Un'op-portunità che, per essere colta, richiede una politica all'altezza della sfida, una politica che sappia guardare al futuro con coraggio, con lungimiranza e con un profondo senso di responsabilità verso le generazioni che verranno.

Sebbene la prospettiva di un fallimento possa generare un'angoscia profonda, è imperativo confrontarsi con i rischi insiti in questa sfida epocale. Il premio in palio, tuttavia, è di portata incommensurabile: un avvenire in cui la nostra specie possa prosperare in sicurezza e abbondanza.

Un simile traguardo merita ogni sforzo possibile.

BIBLIOGRAFIA

1. Altman, S. (2023). *AGI and the Future of Work*. OpenAI.
2. Asimov, I. (1950). *I, Robot*. Gnome Press.
3. Bostrom, N. (2014). *Superintelligence: Paths, Dangers, Strategies*. Oxford University Press.
4. Brynjolfsson, E., & McAfee, A. (2014). *The Second Machine Age: Work, Progress, and Prosperity in a Time of Brilliant Technologies*. W. W. Norton & Company.
5. Crawford, K. (2021). *Atlas of AI: Power, Politics, and the Planetary Costs of Artificial Intelligence*. Yale University Press.
6. Deutsch, D. (2011). *The Beginning of Infinity: Explanations That Transform the World*. Penguin.
7. European Commission. (2021). *Artificial Intelligence Act: A Legal Framework for AI in the EU*. Retrieved from https://ec.europa.eu
8. Farahany, N. (2023). *The Battle for Your Brain: Defending the Right to Think Freely in the Age of Neurotechnology*. St. Martin's Press.
9. Harari, Y. N. (2015). *Homo Deus: A Brief History of Tomorrow*. Harper.
10. Hassabis, D. (2017). *AlphaGo and the Future of AI*. DeepMind.
11. Herndon, H. (2021). *Artificial Intelligence in Music Creation*. MIT Technology Review.
12. Hinton, G., Osindero, S., & Teh, Y. W. (2006). *A Fast Learning Algorithm for Deep Belief Networks*. Neural Computation, 18(7), 1527-1554.
13. LeCun, Y. (2015). *Deep Learning*. Nature, 521(7553), 436-444.
14. Lessig, L. (2006). *Code and Other Laws of Cyberspace, Version 2.0*. Basic Books.
15. Musk, E. (2020). *Artificial Intelligence: Opportunities and Risks*. Neuralink Press.
16. Palantir Technologies. (2021). *Company Overview and Applications*. Retrieved from https://www.palantir.com
17. Preskill, J. (2018). *Quantum Computing in the NISQ Era and Beyond*. Quantum, 2, 79.
18. Russell, S., & Norvig, P. (2020). *Artificial Intelligence: A Modern Approach*. Pearson.
19. Sunstein, C. R. (2016). *The Ethics of Influence: Government in the Age of Behavioral Science*. Cambridge University Press.
20. Tegmark, M. (2017). *Life 3.0: Being Human in the Age of Artificial Intelligence*. Vintage Books.

21. Tegmark, M. (2019). *Artificial Intelligence and the Future of Humanity*. MIT Press.
22. Thiel, P. (2014). *Zero to One: Notes on Startups, or How to Build the Future*. Crown Business.
23. Turing, A. M. (1950). *Computing Machinery and Intelligence*. Mind, 59(236), 433–460.
24. Vinge, V. (1993). *The Coming Technological Singularity: How to Survive in the Post-Human Era*. Vision-21 Symposium Proceedings.
25. World Economic Forum. (2020). *The Global Risks Report*. Retrieved from https://www.weforum.org
26. Zuboff, S. (2019). *The Age of Surveillance Capitalism: The Fight for a Human Future at the New Frontier of Power*. PublicAffairs.

L'AUTORE

Luca Longo è un ingegnere informatico, imprenditore e professionista nel campo della tecnologia, dell'innovazione digitale e del design strategico. Con oltre 20 anni di esperienza nell'ambito delle tecnologie web, del marketing digitale e delle tecnologie emergenti, ha collaborato con aziende leader a livello internazionale. Luca ha aiutato brand globali a ottimizzare processi e prodotti digitali, combinando intuizioni basate sui dati con un approccio umano-centrico.

Oltre alla sua carriera imprenditoriale, Luca è un mentor riconosciuto per le più importanti accademie online di design e tecnologia, contribuendo alla formazione di nuove generazioni di designer e innovatori. Ha una vasta esperienza nell'ecosistema delle startup, avendo fondato e supportato come "angel investor" diverse iniziative nel settore dell'intelligenza artificiale, blockchain e Web3.

Appassionato di tecnologia e delle sue implicazioni etiche e sociali, Luca partecipa attivamente a conferenze internazionali e forum di discussione sul futuro digitale. Il suo lavoro si concentra sulla ricerca di soluzioni sostenibili e innovative per un futuro in cui la tecnologia sia al servizio dell'umanità.

Per saperne di più sul suo lavoro e sulle sue iniziative, è possibile seguirlo su LinkedIn: linkedin.com/in/longoluca o direttamente sul sito web di questo libro: algoritmodelpote re.it